Wolfgang Kindler

Wenn Sanktionen nötig werden:
Schulstrafen

Warum, wann und wie?

Verlag an der Ruhr

Impressum

Titel: Wenn Sanktionen nötig werden: Schulstrafen
Warum, wann und wie?

Autor: Wolfgang Kindler

Redaktion: Wilfried Stascheit, Agentur Ratschlag & Bildung

Illustrationen: Natascha Welz

**Abbildungen der
Kapiteldeckblätter:** Saarländisches Schulmuseum Ottweiler

Druck: Druckerei Uwe Nolte, Iserlohn

Verlag: Verlag an der Ruhr
Alexanderstraße 54 – 45472 Mülheim an der Ruhr
Postfach 10 22 51 – 45422 Mülheim an der Ruhr
Tel.: 0208/439 54 50 – Fax: 0208/439 54 239
E-Mail: info@verlagruhr.de
www.verlagruhr.de

© Verlag an der Ruhr 2007
ISBN 978-3-8346-0324-1

**geeignet für
die Klasse** 5 6 7 ... 12 13

Gedruckt auf chlorfrei gebleichtes Papier.

Die Schreibweise der Texte folgt der neuesten Fassung
der Rechtschreibregeln – gültig seit August 2006.

Inhalt

8 Wann und wie ist zu strafen? 91

9 Strafen müssen zur Schulkultur passen 101

10 Grenzen schulischer Strafen 107

11 Beispiele für sinnvolle Strafen

12 Was geschieht, wenn die Sanktion nicht befolgt wird? 147

Damit Sie nicht enttäuscht werden …

Nach drei Wochen Praxisschock fragte ich meine frischgebackenen Referendare*, welche Erfahrungen sie an ihren neuen Wirkungsstätten besonders gestört hätten. Einige Antworten gebe ich hier gebündelt wieder.

Der Mathelehrer hat einen Schüler der 8. Klasse wegen dauernder Störungen ins Klassenbuch eingetragen. Der Junge hat nur gelacht und nach einer kurzen Pause weitergemacht.

Mein Mentor in der 12 ist total pädagogisch, so überpädagogisch. Er erklärt seinen Schülern in fast jeder Stunde, dass das Zuspätkommen störe und einer antisozialen Haltung entspringe. Die Schüler nicken freundlich und kommen in der nächsten Stunde wieder zu spät.

Mir ist in der 9. Klasse Folgendes aufgefallen: Wenn eine bestimmte Schülerin, sie heißt Maria und spricht mit einem leicht slawischen Akzent, in den Fremdsprachen einen Fehler macht, wird sie von mehreren aus der Klasse nachgemacht und ausgelacht. Der Englischlehrer ignoriert das Ganze, und die Französischlehrerin sagt immer wieder: ‚Hört doch auf damit, Fehler machen wir alle.' Aber die Schüler halten sich nicht daran. Maria wird immer noch ausgelacht.

Die Klasse 7, in der ich auch schon zwei Stunden gegeben habe, ist eigentlich ganz lieb. Aber der Klassenraum sieht aus wie ein Saustall. Die Schüler schmeißen alles Mögliche auf den Boden und benutzen den Papierkorb nur in Ausnahmefällen. Ihr Klassenlehrer drohte in jeder Woche einmal damit, dass die Putzfrauen den Raum bald nicht mehr säubern würden und dass demnächst ein Ordnungsdienst in der Klasse eingerichtet würde. Dann müsste man nach dem Unterrichtsschluss die Klasse reinigen. Aber gemacht hat er bisher noch gar nichts.

Ich sitze in einer toten Klasse und schaue mir schweigende Kinder an. Jeder grammatische Fehler, den die Schüler begehen, wird mit Schreibaufgaben bestraft, jedes Gespräch auch. Die Klasse sitzt stumm da. Eine bedrückende Atmosphäre. Ich glaube, die Kinder haben Angst.

---

* Aus Gründen der besseren Lesbarkeit haben wir in diesem Buch durchgehend die männliche Form verwendet. Natürlich sind damit auch immer Frauen und Mädchen gemeint, also Lehrerinnen, Schülerinnen etc.

Diese zufälligen Beobachtungen von Schulneuligen, die noch einen frischen Blick auf unseren Alltag haben, kreisen um das Thema „Schulstrafen". Störende Verhaltensweisen werden ignoriert, inkonsequent oder übermäßig bestraft. Dies spiegelt die Unsicherheit vieler Lehrer wider, die sehr oft nur aus dem Bauch heraus sanktionieren, manchmal in Wut, manchmal aus Verzweiflung. Das Thema **Strafen** spielt in der Lehrerausbildung nur eine geringe Rolle, in vielen Studienseminaren wird es gar nicht erwähnt – und das, obwohl Schulstrafen und ihre Vermeidung den Alltag in der Schule mit bestimmen.

Dieses Buch will und kann Ihnen **keinen griffigen Strafkatalog** bereitstellen, den Sie, wenn sich die Notwendigkeit einer Strafe ergibt, wie einen Katechismus hervorzaubern, um dann treffsicher das pädagogisch Richtige in die Wege zu leiten. Nein, dieses Buch wird Ihnen eigenes Überlegen und Abwägen nicht abnehmen können. Es soll allerdings dazu beitragen, Ihnen Entscheidungen zu erleichtern.

Schulen sind unterschiedlich, und das Umfeld, in dem Sie arbeiten, ist es ebenfalls. Das verlangt auch **unterschiedliche Sanktionen,** und zwar bei gleichen Vorkommnissen. An einer Schule, die intensiv Mobbing vorbeugt und über Mobbingprozesse aufklärt, ist Mobbing anders und härter zu sanktionieren als an einer Schule, in der Mobbing nicht zu Thema gemacht wird. Denn im ersteren Fall wissen die Schüler sehr genau, was sie tun. Sie wissen, dass Mobbing sich verheerend auf das Opfer und die Klasse auswirkt und nehmen dies billigend in Kauf. Dies ist anders zu sanktionieren, wenn Schüler sich nicht klar über die Folgen ihres Verhaltens sind.

In einer Schule, in der die so genannte „Spaßkloppe" (also „Schlagen aus Spaß") erlaubt ist, sollten Lehrer auf eine Eskalation anders reagieren als in einer Schule, die jede Form körperlicher Auseinandersetzung sanktioniert.

Eine Maßnahme, wie das Abschließen des Schultores nach Schulbeginn, sodass die Zuspätkommer sich persönlich bei der Schulleitung rechtfertigen müssen, kann bei einer Hauptschule in einem sozialen Brennpunkt erfolgreich sein, könnte an einem katholischen Gymnasium auf dem Lande Kopfschütteln oder im schlimmsten Fall Elternproteste hervorrufen.

Es gibt also keine Strafmuster, die allgemeingültig auf alle Situationen und auf alle Schulen anzuwenden sind, besonders wenn man bedenkt, dass die

Klassen ein und derselben Schule unterschiedlich sind und deshalb auch unterschiedlich zu behandeln sind.

Die präventive Arbeit, die Regeln und Verbote, die in Schulen umgesetzt werden, hängen nicht nur mit dem Milieu und der Schulform zusammen, sondern sie sind abhängig von den **Werten**, auf denen das pädagogische Handeln des Kollegiums und des einzelnen Kollegen basiert, auch wenn diese Werte nicht ausgesprochen werden. Die ausgesprochenen Sanktionen drücken Werte aus, sie verteidigen Werte oder dienen dazu, Werte zu verinnerlichen. Auf diesen Zusammenhang wird noch ausführlicher eingegangen werden. Sanktionen basieren immer auf Werten, auch wenn das dem Sanktionierenden manchmal nicht bewusst wird. Ein Lehrer, der einem in ein lautes Privatgespräch vertieftem Schüler eine Sonderaufgabe gibt, hat sich implizit dazu entschieden, das Recht, ungestört zu arbeiten, höher anzusiedeln, als die Freude, sich über Privates auszutauschen. Dieses Beispiel vereinfacht, es soll jedoch hier schon verdeutlichen, dass Strafen, auch Schulstrafen, ohne eine **reflektierte Werthaltung** leicht den Charakter einer Rachehaltung gekränkter Persönlichkeiten gewinnen.

Mit der Wertediskussion eng verbunden ist auch das Problem, was historisch und gesellschaftlich als gerecht empfunden wird. Bis in die 1960er-Jahre wurden in Deutschland prügelnde Lehrer hingenommen, ja, lange Zeit galten Schläge als die Schulstrafe schlechthin. Nicht nur das Schulgesetz hat diesen Unfug beendet. Kinder und Eltern sind glücklicherweise nicht mehr bereit, schlagende Lehrer hinzunehmen. Allerdings schlägt gegenwärtig das Pendel in eine andere Richtung aus. Heute empfinden manche Eltern und einige Schüler jede Form einer **Sanktion als Zumutung**. Danach begeht die Schule bereits ein Unrecht, weil sie überhaupt sanktioniert.

Diese Hinweise zeigen, dass Sanktionen zwar notwendig werden können, dass es aber nicht leicht ist, **richtig zu sanktionieren**. Denn richtiges Sanktionieren hängt immer auch mit Ihrer Schule, Ihrer Klasse, Ihrer Unterrichtspraxis und auch mit Ihrer Persönlichkeit zusammen. Deshalb kann Ihnen dieses Buch im Detail nicht vorgeben, wie Sie in bestimmten Situationen zu verfahren haben. Was es erreichen will, ist Ihnen Anregungen zu geben, Vorschläge zu machen, von Erfahrungen zu berichten und Ihnen damit Hilfen zu geben, die Sie auf Ihre Situation bezogen umsetzen können. Denn

es gibt einiges, was man bedenken sollte, wenn man zu schulischen Sanktionen greift. Es gibt viele Vorurteile gegen jede Form des Strafens, die wir im nächsten Kapitel widerlegen wollen.

Was ist eine Strafe?

Die Begriffe Strafe und Sanktion werden im Folgenden synonym verwendet. Damit ist der Begriff jedoch noch nicht geklärt. Was unterscheidet eine Strafe von anderen pädagogischen Maßnahmen?

Wenn Sie bei einer Störung einen einzelnen Schüler nur mit dem Namen ansprechen, auch in scharfem Ton, macht das noch keine Strafe aus, sondern es ist eine **Ermahnung**. Bei einer Ermahnung werden Änderungen des Verhaltens erwartet. In diesem Fall wird von dem angesprochenen Schüler verlangt, dass er die Störung unterlässt. Eine Strafe dagegen ist eine **direkte Konsequenz** auf das unerwünschte Verhalten, die aus der Sicht des zu Strafenden als **unangenehm** empfunden wird.

Eine Sanktion basiert auf einem **Machtunterschied**. Der hierarchisch Höhergestellte verhängt eine Zwangsmaßnahme, die zu befolgen ist. Deshalb reicht jede Sanktion über sich selbst hinaus: Sie führt zu einem bestimmten

Verhalten. Die Strafe kann auch nur für den Strafenden selbst eine Konsequenz bedeuten – im Falle eines Klassenbucheintrages etwa, der für den Bestraften oft keine weiteren Folgen hervorruft. Die mit der Sanktion verbundene Handlung kann auch nur den zu Strafenden treffen. Das kann hier beispielsweise im Anfertigen eines Unterrichtsprotokolls geschehen. Eine Strafe kann auch mittelbar **Konsequenzen** hervorrufen, wie es beispielsweise ein Elterbrief bewirken kann.

Um es ein wenig greifbarer auszudrücken: Wenn die Eltern einen Brief von der Schule erhalten, in dem detailliert ein Verstoß ihres Kindes gegen die Hausordnung beschrieben wird, werden normaler Weise Reaktionen hervorgerufen. Der Elternbrief ist übrigens auch ein Beispiel dafür, dass die Strafe im Regelfall für beide, Sanktionierenden und Sanktionierten, direkt mit Handlungskonsequenzen verbunden ist.

Nur wenn die Konsequenzen eines Verhaltens von dem Bestraften als unangenehm (ich weiß, das ist ein sehr allgemeiner, unscharfer Begriff) empfunden werden, kann man von einer Strafe sprechen.

Um hier schon spätere Überlegungen vorwegzunehmen: Die **Wirkung** einer Strafe, die lediglich Handlungskonsequenzen für den Sanktionierenden hervorruft, wie es bei Klassenbucheintragungen die Regel ist, kann nur gering sein. Ihre Wirkung wird ebenfalls sehr gering sein, wenn die Folge einer Strafe von dem Sanktionierten nicht als unangenehm empfunden wird.

Honoré Daumier: Wo soll das hinführen? Lithografie 1846

1

Vorurteile gegen Strafen und deren knappe Widerlegung

Strafe – schon der Begriff gilt in der Pädagogik als verpönt. Die Anwendung von Strafen bedeutet, dass ich als Pädagoge versagt habe, dass es mir nicht möglich ist, den Konflikt durch **pädagogische Mittel** zu lösen. So die gängigen **Vorurteile**. Den typischen Voreingenommenheiten gegenüber der Strafe und dem Strafenden wird darum ein eigenes Kapitel gewidmet.

Alles ist durch Güte zu regeln

Viele Kollegen haben ein sehr optimistisches Selbstbild und ein noch optimistischeres Bild von ihren Schülern: Güte zahlt sich aus: *„Wenn ich freundlich mit meiner Klasse umgehe, den Schülern Freundlichkeit vorlebe, so übernehmen sie mein Verhalten. Und dann habe ich es auch nicht nötig, Schüler zu bestrafen. Da genügt ein Blick, und die Kinder reißen sich zusammen. Sie wollen mich genauso wenig enttäuschen, wie ich sie enttäuschen will."*

Der Gedanke ist nicht falsch, zumindest nicht völlig falsch. Eine **freundliche Atmosphäre** reduziert aggressives Verhalten. Schüler, die sich von einem Lehrer angenommen fühlen, die sich in ihrer Klasse wohlfühlen, werden sich hüten, seine Missbilligung zu riskieren. Auch wird es in einer insgesamt positiven Umgebung weniger Ursachen für aggressive oder störende Verhaltensweisen geben. Aber wie reagiert der Gütige bei einem wiederholten, krassen Fehlverhalten?

Stellen wir uns eine konkrete Situation vor: Anne hat Friederike auf dem Schulhof beim Spiel so heftig gestoßen, dass die hingefallen ist und sich das Knie aufgeschlagen hat. Der Klassenlehrer, dem der Fall vorgetragen wird, sieht die weinende Friederike und die sichtbar zerknirschte Anne, die sich wortreich entschuldigt. *„Das habe ich nicht gewollt, aber die Friederike hat auch nicht aufgepasst, sonst wäre das gar nicht passiert. Trotzdem: Ich entschuldige mich. Tut mir leid."*

Der Lehrer, immer um Ausgleich bemüht, fordert die Schülerinnen auf, sich die Hände zu geben, und ermahnt Anne freundlich, so etwas nicht wieder zu tun. Bis hierhin ist nichts gegen das Verhalten des Lehrers einzuwenden. Weiß er doch nicht, ob Annes Verhalten durch Ungeschick oder durch eine böse Absicht zu erklären ist. Als gütiger Lehrer ist er sich allerdings sicher, dass in seiner Klasse bewusste Schädigungen nicht vorkommen.

Nur, was geschieht, wenn eine Woche später wieder eine weinende Friederike vor ihm steht und wieder Anne die Verursacherin war? *„Anne hat mich gehauen, nur weil ich ihr im Weg gestanden habe."* – *„Gehauen habe ich gar nicht, ich habe sie nur geschubst. Sie hat sich aber auch direkt vor mir aufgebaut, sodass ich nicht vorbeikam."*

Kann der Lehrer Anne jetzt wieder freundlich auffordern, so etwas nicht noch einmal zu tun? Und was geschieht bei einer erneuten Attacke auf Friederike? Nehmen wir weiter an, dass der Lehrer wieder mit einer freundlichen Ermahnung reagieren wird: *„Also Anne, ich bitte dich ganz nachdrücklich darum, so etwas nicht wieder zu tun. Schlagen möchte ich hier nicht wieder sehen. Und du, Friederike, pass ein bisschen mehr auf, wo du dich hinstellst."* Für Friederike bedeutete dies, dass sie sich von ihrem Lehrer nicht geschützt fühlt und dass der Lehrer keinen wirklichen Unterschied zwischen ihrem Verhalten und dem Annes trifft. Sie wird in Zukunft sehr auf der Hut sein müssen.

Anne dagegen weiß, dass sie sich noch einiges erlauben kann. Sie muss nur geschickt eine Teilschuld an Friederike abgeben, ihr Fehlverhalten herunterspielen und bereit sein, Reue zu zeigen und sich zu entschuldigen. Die Klasse hingegen erlebt ihren Lehrer als einen freundlichen Menschen, den Übergriffe zwar betrüben, der aber nichts Ernsthaftes gegen sie unternimmt.

Wenn man sich jetzt vorstellt, wie auf die Beteiligten eine freundliche Ermahnung im Falle eines dritten Übergriffes wirkt, wird schnell deutlich, dass Güte alleine nicht reicht, um eine Klasse zu führen.

Besonders gütige Menschen werden einwenden, dass Anne eben wegen der freundlichen, zugewandten Reaktion des Lehrers in Zukunft Einsicht zeigen würde und Friederike nicht mehr behelligen würde. Nur, trägt die Güte noch bei einem dritten oder vierten Übergriff?

Auch kann ich das genuin optimistische Menschenbild, das diesem Konzept zu Grunde liegt, nicht teilen. Menschen richten ihr Handeln nicht nur an ethischen und sozialen Regeln aus, sondern auch an ihren eigenen Wünschen, Interessen, Zielen und auch an dem **Erfolg ihres Handelns**. Und wenn Anne erfolgreich Übergriffe gegen Friederike ausüben kann, werden sich diese wiederholen. Und in der Schule gibt es viele Annes.

Vom Schülerfreund zum Racheengel

Bei einem sehr enthusiastischen, idealistischen Referendar, den ich später auch noch als Fachlehrer häufiger sah, habe ich eine Entwicklung beobachtet, die ich sehr traurig finde. Er sah am Anfang der Lehrerlaufbahn seine Schüler nur positiv, glaubte daran, sie durch sein persönliches Beispiel so beeinflussen zu können, dass das Miteinander in seiner Klasse konfliktfrei und solidarisch verlaufen würde. Doch er wurde enttäuscht. Ein Schüler, dem er einmal enttäuscht ein Fehlverhalten vorhielt, antwortete: *„Sie reden und reden und reden. Und nie tun sie was. Bei Ihnen kann man sich doch alles erlauben. In unserer Klasse geht es immer mehr drunter und drüber – und Sie merken nichts und machen nichts."*

Leider kam die Kritik des Schülers bei ihm falsch an. Der junge Kollege, der vorher seine Schüler nur rosarot wahrgenommen hatte, verzweifelte nun an der **Schlechtigkeit der Welt**. Wiederum nahm er seine Schüler nur einseitig war. Allerdings nun mit umgekehrten Vorzeichen: *„Entgegenkommen nutzt gar nichts. Diese Typen verstehen nur eine Sprache. Und die muss klar sein, die muss hart sein. Sonst nutzen sie einen aus."* – Ein **enttäuschter Idealist** kann furchtbar werden.

Positive Verstärkung hilft in allen Lebenslagen

Dass Menschen ihr Verhalten am **Erfolg ihres Verhaltens** ausrichten, ist auch eine Grundannahme der **Verhaltenstherapie**. Diese Annahme ist nicht falsch, lässt sie sich doch durch zahlreiche Experimente belegen.

Erwünschtes Verhalten soll verstärkt werden, damit es häufiger auftritt, negatives Verhalten soll ignoriert werden. Durch den gezielten Einsatz von Verstärken und Ignorieren, so der **Behaviorismus**, kann unerwünschtes Verhalten verhindert und gewünschtes Verhalten gezielt hervorgerufen werden. Verfolgt man diesen Ansatz konsequent, so müssten Strafen ja überflüssig sein, weil die konsequent angewandte Verhaltenstherapie dazu führt, dass schließlich nur noch erwünschte Verhaltensweisen auftreten.

Dieses Konzept macht aus mehreren Gründen **wenig Sinn**: Zunächst einmal ist es gar nicht so leicht, erwünschte Verhaltensweisen positiv zu verstärken, weil sich eine **Dauerverstärkung** schnell abnutzt. Ein Lehrer, der alle sozial erwünschten Verhaltensweisen seiner Schüler mit **Lob** (ein sozialer Verstärker) versieht, wird vor lauter Loben nicht mehr zum Unterrichten kommen. Und lässt sich unerwünschtes Verhalten wirklich ignorieren? Kaum, denn ein Klassenzimmer ist kein Lernlabor. Was geschieht denn, wenn ein Lehrer ein lautes In-die-Klasse-Rufen ignoriert? Die Mitschüler des Störenden werden das nicht tun. Sie werden lachen, abfällig schauen, seine Bemerkungen kommentieren oder den Störenden imitieren. Der gedankliche Fehler in dieser Situation besteht darin, zu übersehen, dass der Lehrer **kein Monopol** auf Verstärker hat und dass für viele Schüler die Verstärkungen, die durch Mitschüler erfolgen, wichtiger sind.

Problematisch an einem rein verhaltenstherapeutisch ausgerichteten Vorgehen ist weiterhin, dass es zu wenig die **Einsichtsfähigkeit des Menschen** bedenkt. Es ist richtig, dass Verstärkung ein Verhalten hervorrufen kann, aber die Verstärkung ist nur eines von vielen Handlungsmotiven, und sie scheitert, wenn sie sich gegen rationale Erkenntnisse stellt. Nicht nur kluge Schüler erkennen, wenn ein Lob oder eine Zuwendung nicht ernst gemeint ist, und dann reagieren sie entsprechend ablehnend.

Noch ein Missverstehen der Verhaltenstherapie, deren maßvoller und kluger Gebrauch auch in der Schule einen Sinn machen kann, führt zu dem verbreiteten Vorurteil, dass Strafen keine positiven Wirkungen zeigen: Skinner fand in Untersuchungen heraus, dass Strafen keinesfalls sicher dazu führten, das unerwünschte Verhalten abzulegen, sondern häufig zu nicht erwarteten, störenden Nebeneffekten führten. So legten sich Blindenhunde, denen in der Dressur für jeden Fehler schmerzhafte Stromstöße zugeführt wurden, angstvoll auf den Boden, um so durch Passivität keinen Fehler mehr zu begehen. Dass Strafen bei Konditionierungsprozessen oft zu ungewollten Ergebnissen führen, führte in Diskussionen zu der fälschlich verallgemeinerten Aussage, dass Strafen generell nichts nutzen. Sicher lässt sich eine Konditionierung durch positive Verstärkung erfolgreicher durchführen. Nur geht es in der Schule in erster Linie nicht um behavioristische Maßnahmen: Schüler sollen Einsichten gewinnen und nicht reflexhaft reagieren. Sie sind auch keine Blindenhunde.

Strafen sind Ausdruck einer pädagogischen Schwäche

Der Gedanke ist so schlicht wie vordergründig einleuchtend:
„Eine Strafe wird nur dann fällig, wenn der Pädagoge versagt hat. Ihm ist es nicht gelungen, der Klasse oder dem einzelnen Schüler die entsprechenden Verhaltensregeln nachdrücklich und plausibel zu vermitteln. Ein guter Lehrer muss nicht strafen, weil sich die Schüler, wenn sie richtig angesprochen werden, so verhalten, dass eine Strafe nicht notwendig ist."
Auch dieser Satz hat Richtiges. Durch einen vernünftigen und klaren Umgang mit der Klasse entsteht bei vielen Schülern eine entsprechende **Verhaltensdisposition,** die Strafen oft überflüssig macht. Besonders bei einem guten Klassenmanagement, bei dem sich die Schüler gegenseitig positiv beeinflussen, wird die Notwendigkeit, zu sanktionieren, seltener auftreten.

Allerdings werden sich Konflikte nicht vollständig ausschließen lassen. Jugendliche probieren Verhaltensweisen aus, sie wollen ihre Grenzen kennenlernen, und manchmal gehen sie dabei deutlich über das hinaus, was hingenommen werden kann. Die Annahme, dass ein gutes pädagogisches Verhalten die Notwendigkeit von Strafen reduziert, ist plausibel. Die Aussagen, das eine gute Pädagogik in der Schule Strafen überflüssig macht, drückt eine unreflektierte Allmachtsvorstellung aus, die in letzter Konsequenz dem Schüler den eigenen Willen abspricht. Auch steckt in dieser Vorstellung, die als naiv zu bezeichnende **Überschätzung schulischer Einflussnahme.** Unsere Schüler verhalten sich nicht nur auf Grund unserer Vorgaben und Wünsche, sondern vor allem auf der Grundlage ihrer eigenen Persönlichkeit, ihres familiären und sozialen Umfeldes, ihrer Peergruppen und anderer Faktoren, die sich dem Einfluss eines Lehrers entziehen.

Überschätzt man jedoch seine eigenen Möglichkeiten, kann dies nicht nur zu einem unrealistischen Verhalten gegenüber der Klasse und dem einzelnen Schüler führen. Die Gefahr liegt auch darin, dass man sich unberechtigte, quälende Selbstvorwürfe macht: *„Wenn ich ein wirklich guter Lehrer wäre, wäre das nicht passiert."* Und dauerhafte Selbstvorwürfe führen nicht zu einer Besserung der Situation, sondern höchstens zu Magengeschwüren.

Strafen sind ein Liebesentzug

„Das ist richtig ungerecht. Gemein. Ich habe gar nichts gemacht. Und die anderen, die dasselbe getan haben, werden nicht bestraft." Das auf Mitleid zielende Rührstück kann noch wirkungsvoller werden durch eine tränengewässerte, vorwurfsvolle Mimik.

Manche Lehrer knicken in dieser Situation ein und denken: *„Das kann ich dem Kind, das mir so vertraut, doch nicht antun."* Und er wird zurückrudern, die Strafe in eine **Strafandrohung** umwandeln, und, vom dankbaren Blick des Kindes belohnt, der Meinung sein, richtig gehandelt zu haben. Selbst wenn sich die Prozedur wiederholt und wiederholt und wiederholt.

Hinter dem **handlungsleitenden Harmoniebedürfnis** verbirgt sich vermutlich folgender Gedanke: *„Eine Strafe wird vom Bestraften immer als unangenehm empfunden. Wer straft, ist in der Regel verärgert über den zu Strafenden. Und wer seine Schüler wirklich mag, erspart ihnen und sich dieses Gefühl."* Man will das prinzipiell gute Verhältnis nicht belasten oder gar zerstören: *„Wenn ich diese Betroffenheit auslöse, habe ich vielleicht Unrecht. Ich muss doppelt selbstkritisch sein."*

Sicher reagieren gerade die Kinder, die von ihren Eltern kaum Sanktionen oder Einschränkungen erfahren, beleidigt oder verletzt, wenn ihnen nur eine Strafe angedroht oder wenn sie wirklich sanktioniert werden. Sie mögen sogar eine **Sanktion als Liebesentzug** empfinden, oder sachlicher ausgedrückt, als die Beeinträchtigung eines zuvor guten Verhältnisses. In Einzelfällen entwickeln solche Kinder auch Wut. Eine Ablehnung durch Schüler tut jedem Lehrer weh, ist eine empfindliche Störung seines Narzissmus. Auch aus diesem Grund tun sich viele Lehrer mit Strafen so schwer. Vielleicht wäre es einfacher für sie, wenn ihnen bewusst wäre, dass viele Kinder eine Verletzung gekonnt **inszenieren**, weil sie zu Hause und in der Schule erfahren haben, dass gut dargestellte Trauer vor Strafen schützt.

Lösen wir uns von der sehr engen emotionalen und kurzfristigen Sicht. Wenn sich ein Schüler auf eine wie auch immer angenommene Weise falsch verhält, kann eine Strafe dazu beitragen, den Fehler bewusst zu machen und dieses Verhalten zu korrigieren. Diese Hilfe, wenn sie gezielt angestrebt wird, ist auch **Ausdruck einer guten Beziehung**, viel mehr als eine „kuschelige Pädagogik".

Strafen wirken sich negativ aus

Die **negative Wirkung von Strafen** wird in der Regel einfach unterstellt. Natürlich hat jeder Lehrer, der einmal nachdrücklich eine Sanktion verhängt hat, feststellen können, dass sich im selben Augenblick die Stimmung in der Klasse verändert. Der bestrafte Schüler reagiert oft mürrisch oder protestiert sogar wegen einer vermeintlich ungerechten Behandlung. Es ist allerdings falsch, die momentane Wirkung, die das Aussprechen einer Strafe hervorruft, mit den langfristigen Folgen gleichzusetzen. Ich möchte hier die Gegenthese formulieren, die ich in weiteren Teilen des Buches belegen werde:

> Wenn Strafen angemessen sind, nicht bloßstellen, wenn sie als Handlungskonsequenzen und Ausdruck einer Wertehaltung vermittelt werden, stützen sie die Entwicklung des einzelnen Schülers, tragen zu einem gelungenen Klassenleben bei und klären die Beziehungen zwischen Lehrer und Schüler auf positive Art und Weise.

Strafen sind Ausdruck eines institutionell getarnten Sadismus

Kulturkritischen Pädagogen, die das Wirken von Institutionen mit Metaphern von Kälte, Erstarrung und Beton bildlich erfassen wollen, sind **Strafen**, die von der Institution Schule verhängt werden, Ausdruck von **Machtstreben** und **getarntem Sadismus**. Wer straft, ist per se böse.

Diese Einwände müsste man eigentlich nicht beachten. Muten sie doch stark ideologisch an.
Allerdings steckt auch hinter dieser „Holzhammerkritik" ein wahrer Gedanke. Gerade in der so genannten **schwarzen Pädagogik**, die meiner Einschätzung nach auch heute noch praktizierende Anhänger hat, drückt sich ein kaum getarnter Sadismus aus.

Schulstrafen haben eine schlimme Tradition – vermutlich vermeiden auch deshalb aufgeklärte Erziehungswissenschaftler das Thema Strafen. Schwarze Pädagogik steht für ein Konzept, in dem es darum geht, die **Persönlichkeit des Schülers** zu brechen. Prügeln, körperliche Züchtigungen, demütigen, einschüchtern, bloßstellen und erniedrigen waren gängige Mittel, um Schüler zu sanktionieren. Doch heutige Schulen funktionieren aus guten Gründen anders.

Der modernen Schule vorzuwerfen, dass sie die Traditionen der Prügelschule fortführe, entbehrt jeder Grundlage. Man könnte ihr dagegen mit Berechtigung vorwerfen, dass sie sich durch schlimme Traditionen, zu denen auch die nationalsozialistische Schule mit ihrem Härte- und Disziplinwahn gehört, lähmen lässt. Es ist auch nicht logisch, heute Strafen generell als unangemessen oder unpädagogisch abzuqualifizieren, nur weil sich in der Geschichte der Schule Strafen in erster Linie durch Gewalt ausdrückten und als Vehikel sadistischer Neigungen eingesetzt wurden.

Mediation ersetzt Strafen

Seit ungefähr 15 Jahren wird an deutschen Schulen die **Peer-Mediation** oder **Streit-Schlichtung** durchgeführt. Inzwischen hat sich diese Idee durchgesetzt. Eine Mediation zwischen Schülern funktioniert in etwa so: Zu einem als Schlichter ausgebildeten, in der Regel älteren Mitschüler kommen zwei Schüler, die einen **ungelösten Konflikt** austragen. Die Schlichtung findet zu festgelegten Zeiten in einem separaten Raum der Schüler statt. Eine Schlichtung beginnt in der Regel mit einer gegenseitigen Vorstellung. Anschließend tragen beide Parteien den Konflikt aus ihrer Sicht vor. Der Schlichter fällt jetzt keinen Urteilsspruch, sondern seine Aufgabe ist es, die Streitenden durch eine **Moderation** dazu zu bewegen, ihre Konflikte selbst zu lösen. Die Ergebnisse der Einigung werden dann in einem Vertrag fixiert. Die Mediation ist ein nicht strafendes Verfahren, das einen **Interessenausgleich der Beteiligten** zur Grundlage hat. In vielen Schulen haben sich Schlichtungen als ein erfolgreiches Mittel zur Konfliktlösung bewährt. Schlichtungen können auch von Lehrern durchgeführt werden.

Allerdings hat dieses Konzept auch **Grenzen**. Eine Schlichtung basiert auf dem **Lösungswillen der Beteiligten** und geht von einem Konflikt aus, in dem sich die Streitenden auf Augenhöhe gegenübertreten. Eine Mediation eignet sich also nicht für Mobbingprozesse. Der Schlichter versucht hier oft, einen Kompromiss zu erzielen, der im Grunde den Angreifenden stärkt. Eine Mediation macht keinen Sinn bei klaren, einseitigen Regelbrüchen oder Übertretungen. Sie scheitert auch, wenn sich ein Fehlverhalten wiederholt oder ein Vertrag immer wieder gebrochen wird. Die Schlichtung gelingt nur, wenn die Beteiligten bereit sind, eigenes Fehlverhalten zu erkennen und zu ändern. Auch im Falle eines erheblichen Übergriffs greift die Schlichtung in der Regel zu kurz. Bei Erpressung, Körperverletzungen und Diebstahl stehen Schlichter auf verlorenem Posten.

Wegen dieser Einschränkungen kann die Mediation Strafen nicht ersetzen. Sie ist trotzdem ein wichtiges Mittel, um schulische Konflikte zu lösen. Allerdings nicht das einzige.

Wer bestraft wird, definiert sich selbst als Täter

Aus der Beschäftigung mit deviantem Verhalten stammt der Begriff „**Labeling Approach**", der schließlich zum „**Labeling Effect**" führt. Damit wird ein Effekt beschrieben, in dem die Reaktionen der Umwelt dazu führen, dass ein Verurteilter und Bestrafter die Bewertung durch die Umwelt übernimmt. So ist die Gefahr groß, dass ein Jugendlicher, der wegen eines Diebstahls verurteilt wird und als Dieb bezeichnet wird, die Außensicht übernimmt und sich selbst als Dieb definiert und zukünftig entsprechend handelt. Um diesen Effekt zu vermeiden, behandeln die Gerichte jugendliche Ersttäter mit erheblicher Nachsicht. Die Gefahr eines Labeling Effects besteht auch in der Schule. Ihr kann man jedoch relativ leicht entgehen. Wenn eine Strafe sich auf ein **Verhalten** und nicht auf die **Person** bezieht, ist es mehr als unwahrscheinlich, dass dieser Effekt eintritt.

Ein Kollege, der mit einem üblen Fall von Erpressung in seiner Klasse konfrontiert war, hat dies vorbildlich gelöst. Zwei Schülerinnen hatten sich mit einer Freundin zerstritten. Sie wussten von ihr, dass sie in den Sommerferien nicht, wie sie nach außen dargestellt hatte, in Spanien war, sondern sich wegen Angstgefühlen und Depressionen in stationäre psychologische Behandlung begeben hatte. Die beiden setzten das Mädchen, das wegen seines attraktiven Aussehens bei den Jungen der Klasse beliebt war, unter Druck: *„Nimm bloß nicht an dem Tanzkurs der Schule teil. Wir wollen dich da nicht haben. Wenn du da aufkreuzt, erzählen wir der ganzen Klasse, dass du in der Irrenanstalt warst und die dich gar nicht gehen lassen wollten."* Das verzweifelte Mädchen vertraute sich ihrem Klassenlehrer an. Neben einer deutlichen Sanktion – die beiden erhielten in einer Klassenkonferenz einen Verweis – führte der Kollege auch ein langes Gespräch mit den Erpresserinnen. Er leitete es mit folgenden Sätzen ein: *„Ich kenne euch ja schon lange, und ich finde euch nett. Aber was ihr da gemacht habt, ist mies. Das passt eigentlich nicht zu euch. Ihr werdet deshalb auch bestraft. Aber ich gehe davon aus, dass ihr ein solches Verhalten nie mehr wiederholen werdet …"*

Die **Trennung von Verhalten und Person** hilft nicht nur, den Labeling Effect zu vermeiden, sie hilft, zu versachlichen, fallbezogen zu arbeiten und Widerstände zu überwinden.

Bestimmt haben Sie schon einmal gelogen. Sie werden sich trotzdem dagegen wehren, als ein Lügner behandelt zu werden. Es würde Sie ärgern, und Sie gingen in Konfrontation zu dem Sie Beschimpfenden. Ginge es jetzt um die konkrete Auseinandersetzung, um ein von Ihnen begangenes Verhalten, in dem Sie – verzeihen Sie die Unterstellung – tatsächlich gelogen haben, führte die pauschale Beschimpfung, ein Lügner zu sein, nicht weiter. Denn statt der **konkreten Handlung** stünden Ihre Charaktereigenschaften im Vordergrund. Und das ist nicht dasselbe.

Lacht ihn brav aus! Kupferstich, um 1820

2

Die Effizienz von Strafen

Wissenschaftlich versteht es sich von selbst, Argumentationen empirisch zu belegen oder gegebenenfalls auch zu widerlegen. Nur: Die empirische Decke, die sich mit Schulstrafen und deren Relevanz beschäftigt, ist dünn. Deshalb wird im folgenden Kapitel auf Ansätze zurückgegriffen, in denen es um die **Wirksamkeit von Sanktionen** geht. Keine Angst: Es geht hier nicht darum, Sie mit „Datenmüll" zuzuschütten, sondern an einigen Beispielen aufzuzeigen, dass Sanktionen helfen können, sozial unerwünschtes Verhalten zu reduzieren.

Der Erfolg von Schulstrafen

Der **Erfolg von Sanktionen**, in der Regel bezogen auf strafrechtliche und juristische Konsequenzen im Zusammenhang mit Kriminalität, wird in der Wissenschaft **nicht einheitlich** gesehen. Problematisch ist es auch, juristische Konsequenzen – verbunden mit umfangreichen, nur selten tat- und zeitnahen Verfahren – auf Schule zu übertragen. Interessanter ist eine Studie zum Vertrauensbruch, die in Unternehmen durchgeführt worden ist. Auch hier lassen sich die Ergebnisse nicht eins zu eins übertragen. Trotzdem liefert das Resümee, das Sandra Jakobsen in ihrer Studie getroffen hat, ein wichtiges Ergebnis:

> *Hierbei ist davon auszugehen, dass je schlechter die Bewertung der momentanen Gesamtsituation, desto stärker ist die Motivation, einen Vertrauensbruch zu begehen. Die Entscheidung zum tatsächlichen Vertrauensbruch ist schließlich noch von einer weiteren Determinante, der Bewertung der zu erwartenden Strafe, abhängig. Stuft ein Individuum die Status-quo-Situation als schlecht ein, ist die Motivation, einen Vertrauensbruch zu begehen, hoch. Beurteilt es weiterhin die zu erwartende Strafe als akzeptabel, wird es das Vertrauen einer anderen Person enttäuschen.* [1]

---

[1] S. Jakobsen: Vertrauensbuch. Institut für Mittelstandsforschung, Uni Lüneburg, Institut für BWL – Personal und Führung, 2003.

Auf die Schule übertragen, bedeutet dieses Ergebnis: Je weniger sich ein Schüler in einer Klassen- und Arbeitssituation zufrieden fühlt, desto eher ist er bereit, gegen Vorgaben von Schule und Lehrer zu verstoßen, besonders wenn er nur mit unbedeutenden oder harmlosen Sanktionen zu rechnen hat. Zu erwartende Sanktionen können aber auch verhaltenshemmend wirken.

Glen Mills Schulen

In den USA existiert eine schulähnliche Einrichtung, in der erfolgreich bereits verurteilte jugendliche Straftäter resozialisiert werden: die **Glen Mills Schools**. Die Erfolgsquote, inwieweit es dieses System schafft, jugendliche Kriminelle zu reintegrieren, wird in der Fachliteratur unterschiedlich dargestellt. In den mir bekannten Veröffentlichungen schneidet Glen Mills jedoch erheblich günstiger ab als Jugendgefängnisse in den USA oder in Deutschland. Das heißt, Verurteilte, die die Ausbildung in Glen Mills durchlaufen haben, werden erheblich **seltener rückfällig** als die, die aus Jugendgefängnissen entlassen werden.

Nun kann man die Probleme von Schulen nicht mit denen einer Jugendstrafanstalt gleichsetzen, auch die Lösungswege nicht. Vieles, was Glen Mills charakterisiert, ist nicht auf Regelschulen übertragbar und soll auch nicht übertragen werden. Aber das **Grundkonzept** kann trotzdem Anregungen geben.

Zwei Säulen, auf denen der Erfolg von Glen Mills beruht, sind die **Peergruppenarbeit** und die klaren, abgestuften Sanktionsformen.

Die Peers, also die Gleichaltrigen, kontrollieren sich in einem hohen Maße gegenseitig. Sie achten darauf, dass das sehr umfangreiche **Regelwerk** eingehalten wird. Gibt es Regelbrüche, tritt unmittelbar ein **abgestufter Sanktionsmechanismus** ein. Die Sanktionen erfolgen immer in enger zeitlicher Verknüpfung mit dem Regelbruch. Besonders oft wird die Konfrontation eingesetzt. Regelbrüche werden benannt, und der Betroffene wird mit einer klaren Ansprache aufgefordert, sich entsprechend zu äußern. Die Sanktionen tragen dazu bei, dass das Einhalten der Regeln verinnerlicht wird, zu einer Selbstverständlichkeit wird. Dieses System ist in Glen Mills so erfolgreich, dass es nur sehr selten zu Übergriffen zwischen den Insassen kommt und die vielfältigen Regeln respektiert werden.

Man kann dieses Konzept auch auf Schulen übertragen, ohne dass man die Regeln und Sanktionen, die auf Gewalttäter zugeschnitten sind, im Einzelfall übernehmen sollte: Offensichtlich tritt delinquentes Verhalten seltener auf, wenn eine Institution **klare Regeln** aufstellt und Regelbrüche unmittelbar sanktioniert.

Die Reaktionen von Oberstufenschülern im Pädagogik-Leistungskurs auf die Konzepte der Glen Mills Schools waren interessant. Auf die Frage: *„Gibt es etwas, was unsere Schulen von Glen Mills übernehmen sollten?"*, zielte das Gros der Antworten immer in dieselbe Richtung:

> *Gut finde ich, dass nicht nur immer geredet wird, wenn einer sich falsch benimmt. Bei uns kann man zu spät kommen, alle anderen stören, aber da passiert nie was.*

> *In Glen Mills weiß jeder, was erlaubt ist und was nicht. Hier ist das viel zu diffus.*

> *Ich fände es gut, wenn bei uns Fehlverhalten mal sanktioniert würde. Die Schule und ihre Regeln nimmt doch keiner Ernst.*

Im ersten Augenblick hatte ich damals den Eindruck, dass sich in meinem Kurs eine Art „Law-and-Order-Mentalität" breitgemacht hatte. Aber mit Hilfe von Nachfragen klärte sich das: Es ging den Schülern darum, von Übergriffen lernen zu können. Und sie ärgerten sich darüber, dass die Schule dieses Bedürfnis unzureichend erfüllte. Sie ärgerte die Kluft zwischen pädagogischem Anspruch und dem Willen oder Fähigkeit, diese positiv bewerteten Ansprüche auch durchzusetzen.

Sanktionen in ausländischen Schulen

In demselben Kurs saßen mehrere Schüler, die ein halbes Jahr oder sogar längere Zeit Schulen im Ausland besucht hatten. Ihre Darstellungen lassen sich ungefähr so zusammenfassen:

„Hier, in Deutschland, haben wir lange keine Unterrichtsstunde mehr erlebt, in der alle Schüler beim zweiten Klingeln (dieses signalisiert den Unterrichtsbeginn, Anmerkung des Verfassers) *in der Klasse waren. Die Lehrer kommen ja auch meist später. Und wenn der Lehrer, was nur selten vorkommt, mit dem Schellen die Klasse betritt, wartet er in der Regel still ab, bis der oder die Letzte im Klassenraum ist. Ermahnungen oder Klassenbucheintragungen sind selten. Mit dem Erfolg: Der Unterricht beginnt nie pünktlich. Was hier hingenommen wird, ist in den australischen, kanadischen und US-Schulen, die wir besucht haben, undenkbar. Jeder, der zu spät kommt, wird sofort ins Zimmer der Schulleitung geschickt und dort entsprechend zusammengefaltet. Da kam einfach keiner zu spät.“*

Eine Schülerin ergänzt: *„Während des ganzen Schuljahres in Australien waren meine Mitschüler und ich pünktlich. Sogar morgens. Ich musste mich hier regelrecht umgewöhnen.“*

„Besser wäre es schon, wenn alle pünktlich wären. So kommt man sich ja richtig blöd vor, wenn man rechtzeitig in der Klasse sitzt. Man muss ja sowieso warten, bis der Unterricht beginnt.“

> Besonders das Beispiel ausländischer Schulen, die auf der Basis klarer und unmittelbarer Sanktionen Regelungen durchsetzen, beweist, dass die ernst gemeinte Androhung von Strafen ein erfolgreiches Mittel sein kann, um bestimmte Maßnahmen zu erzielen.

!

Wenn Sie ein bestimmtes Verhalten in Ihrer Schule verbindlich machen wollen, nutzen Strafen und deren Androhung allein wenig.

1) *Klären Sie zunächst Eltern und Schule über die Sinnhaftigkeit und den Wert der Regelung auf.*
2) *Üben Sie mit den Klassen ein, wie die Regelungen umzusetzen sind.*

Haben Sie beispielsweise in der Oberstufe das Problem, dass wegen einer Kooperation mit einer anderen Schule und dem damit verbundenen Raumwechsel die Schüler verspätet erscheinen, erarbeiten Sie zunächst mit den Schülern, wie ein pünktlicher Unterrichtsbeginn möglich ist. Das kann unter Umständen mit einer Verschiebung erreicht werden.

Ist Ihnen ein höflicher Umgang in der Schule besonders wichtig, klären Sie vorher die Funktion von Höflichkeit und üben Sie entsprechende Umgangsformen ein.

Legen Sie besonderen Wert auf eine geordnete Heftführung, entwickeln Sie vorher in Ihrer Klasse eine Checkliste, und trainieren Sie mit Ihren Schülern, wie sie anzuwenden ist.

Klare Sanktionen reduzieren Konflikte

In vielen Schulen ist **Mobbing** zwischen den Schülern ein erhebliches Problem. Auch hier liegt eine **unsichere Datenlage** vor. Die Schätzungen, wie häufig Mobbing an Schulen ist, liegen weit auseinander. Man kann aber davon ausgehen, dass ungefähr jedes 10. Kind im Laufe seiner Schulzeit Opfer von Schülermobbing wird. Die Zahl ist alarmierend, wenn man die schlimmen Folgen von Mobbing für die Betroffenen bedenkt.

Alarmierend ist auch, wie Schulen mit Mobbing umgehen. In weit über 90 Prozent sind es die Opfer, die in der Folge eines Mobbingfalls die Schule verlassen, die Täter nur zu einem verschwindend geringen Prozentsatz. Diese und weitere Daten, die bei *Alsaker* zu finden sind, legen nahe, dass Mobbing gegenüber Mitschülern nur selten sanktioniert wird.

Dies deckt sich auch mit den Erfahrungen, die ich als Schulberater bei Mobbing gemacht habe. Gerade in den Klassen, in denen Mobbing nicht sanktioniert wird, hält es sich hartnäckig. Ich vermute sogar, dass das geringe oder gar nicht vorhandene Schuldempfinden der Täter damit zusammenhängt, dass sie bisher weder eine Werteerziehung noch eine wirkliche Sanktion erfahren haben.

Ein typisches Zitat eines mobbenden Schülers erhellt diesen Sachverhalt:
„Ich kriege hier nur Ärger, wenn ich keine Hausaufgaben habe oder unerlaubt das Schulgelände verlasse. Der Rest ist doch Privatsache."

Den Zusammenhang zwischen **Sanktion und Verhaltensänderung** konnte ich sehr gut in einer Klasse beobachten, mit der ich vor einiger Zeit zusammengearbeitet hatte: Die Klassenlehrerin war verzweifelt. Immer wieder wurden in ihrer 7. Klasse nach einem Muster, das nicht nachvollziehbar war, einzelne Schüler in die Außenseiterrolle gedrängt und aggressiv ausgegrenzt.

„Ich habe meiner Klasse genau erklärt, nach welchem Muster Mobbing abläuft, wie schädlich Mobbing für alle Betroffenen ist, aber es passiert immer wieder." Auf meine Frage, ob sie denn Übergriffe sanktioniert habe, antwortete die Kollegin: *„Nein, aber das ist ja auch schwierig. Da machen alle mit. Ich kann doch keinen Einzelnen willkürlich herausgreifen."*

In einem kurzen gemeinsamen Gespräch mit der Klasse klärten wir daraufhin Folgendes ab:

„Bisher wurde auf Mobbing in eurer Klasse nur mit Ermahnungen reagiert. Immer wieder ist euch klargemacht worden, wie schädlich Mobbing ist. Offensichtlich ohne Erfolg. Das nehmen wir nicht länger hin. Wer in Zukunft einen Mitschüler demütigt, mobbt oder in einer anderen Form quält, wird empfindlich bestraft werden. Wenn große Teile der Klasse bei einem Mobbing aktiv mitmachen oder es auch nur unterstützen, kann die Klassenfahrt nach Norderney gestrichen werden. Denn in einer Klasse, in der immer wieder Einzelne fertiggemacht werden, kann ein erfolgreicher Verlauf der Klassenfahrt nicht garantiert werden."

Die Klasse quittierte die Ankündigung mit Schweigen.

Kurze Zeit darauf kam es wieder zu Übergriffen. Eine Gruppe von fünf Jungen hatte sich auf eine Mitschülerin eingeschossen. Sie unterstellten ihr, eine „Schlampe" zu sein, teilten ihr dies auch im ICQ, per E-Mail und SMS mit. Deshalb war es leicht, das Fehlverhalten nachzuweisen.

Die Sanktion erfolgte prompt. Die Eltern und Schüler wurden zu einem **„ernsten Gespräch"** mit Klassenlehrer, Beratungslehrer und Schulleitung gebeten. In diesem Gespräch wurden die Schüler in Gegenwart ihrer Eltern mit ihrem Verhalten energisch konfrontiert. Dann wurden sie aufgefordert, zu überlegen, wie sie ihre Übergriffe und Beleidigungen wieder gutmachen könnten. Von einem Vater kam der Vorschlag, einen **gemeinsamen Entschuldigungsbrief** zu schreiben, der in der Klasse aufgehängt werden sollte. Die Veröffentlichung mache einen Sinn, weil auch die Beleidigungen öffentlich geäußert worden seien, so der Vater eines Jungen. Zusätzlich wurden die Fünf zu 14-tägigem **Klassendienst** verdonnert. Den Jungen wurde angedroht, im Wiederholungsfall von der Klassenfahrt ausgeschlossen zu werden. Außerdem würde dann eine Klassenkonferenz auf sie zukommen.

„Seit dem Vorfall hat sich meine Klasse geändert. Mobbing findet nicht mehr statt, oder besser, zumindest habe ich keines mehr festgestellt, und niemand hat sich bei mir beschwert", erzählte mir die Kollegin zufrieden.

Der Psychologe Kurt Lewin (1890–1947) beschreibt den Zusammenhang zwischen Strafe und Verhaltensänderung so:

99 *Wie wesentlich der Realitätsgrad der Strafe ist, zeigt sich vor allem darin, daß Kinder, die schon eine Strafe durchgemacht haben, sich bei Wiederholung der Strafandrohung meist wesentlich anders verhalten als Neulinge. Die Ursache dafür, daß, gebrannt Kind das Feuer scheut', daß jemand, der hart gestraft ist, weniger Rückgrat gegenüber einer neuen Strafandrohung zu zeigen pflegt, ist also nicht nur in einer ,assoziativen Koppelung' größerer Unlust zu suchen ... sondern eben in der Realerfahrung.* 66

3

Strafen und Werte

Strafen und Werte? Wie passt das zusammen? **Werte sind Leitlinien**, an denen man sein Handeln ausrichtet. Sie entspringen ethischen oder religiösen Konzepten und drücken sich in unserem Gewissen aus. Das hat doch nichts mit Strafen zu tun, könnte man meinen.

In der heutigen Schullandschaft wird ein **allgemeiner Werteverlust** heftig beklagt. Da können Strafen doch keine Abhilfe bringen, so der Verdacht. Der Zusammenhang von Strafen und Werten ist nicht auf den ersten Blick zu erschließen, also sollten wir genauer hinschauen.

Strafen zeigen Werte an

Der nun folgende Gedanke mag Ihnen im Zusammenhang mit einem Buch über Schulstrafen skurril erscheinen, ich möchte ihn aber dennoch weiter verfolgen:

Im Mittelalter wurden die grausamsten Strafen wegen Ketzerei verhängt. Wer die Bibel anders auslegte als die herrschende Lehre oder auch nur dessen bezichtigt wurde, wurde gefoltert und verbrannt.

Nach heutigem Maßstab eine nicht nachvollziehbare Praxis: Eine eigenständige Haltung zur Religion wird mit dem Tode bestraft. In dieser Strafe drückte sich nicht nur die damalige Macht der Kirche aus, sondern auch der Wert, dass der **unbedingte Gehorsam** gegenüber Kirche dem Menschen die Erlösung bringen könnte. Gehorsam war ein zentraler Wert in der Zeit, als die Kirche forderte, der christliche Glaube müsse die allgemeingültige Lebensmitte bilden, an der sich alles zu orientieren habe, die Kirche sei in Fragen der Religion die einzige Instanz, und der Gläubige habe sich der kirchlichen Doktrin zu unterwerfen. Wir tun uns gegenwärtig schwer mit einer Auslegung des Islam, der ähnliche Ansprüche reklamiert und sämtliche Werte und damit verbundene Handlungsvorschriften wörtlich aus dem Koran glaubt ableiten zu können.

In modernen Staaten drücken sich allgemein verbindliche Werte durch den Begriff „**Menschrechte**" aus. Dieser Begriff basiert auf mehreren Grundwerten, die in Grundrechten abgesichert werden. Sie alle schützen das Leben und die Lebensrechte des Individuums. Deshalb wird heute bei Mord die Höchststrafe verhängt. Damit wird auch demonstriert, dass dem menschlichen Leben selbst der höchste Wert zugeschrieben wird.

Eine Gesellschaft greift immer dann zu harten Sanktionen, wenn sie die Werte, die ihr wichtig sind, bedroht oder verletzt sieht. Sanktionen dienen ihr dazu, ihren Charakter und ihre Funktionsfähigkeit zu wahren. Jede Gesetzgebung basiert auf **Werthaltungen**, auch wenn sie in komplizierten Ausführungsbestimmungen und Paragrafen nicht mehr unmittelbar zu finden sind. Strafen haben die Funktion, die Gültigkeit von Werten zu bewahren.

Diese **Beziehung von Sanktion und Wert** setzt sich bis in Privates fort. Beziehungen werden abgebrochen, weil einer der Partner den Wert Treue aufgegeben hat.

Leider wird der enge Zusammenhang von Werten und Sanktionen bei dem Aussprechen schulischer Strafen zu wenig beachtet. Oft entsteht der Eindruck, dass das sanktioniert wird, was ins Auge fällt oder das reibungslose Funktionieren schulischer Abläufe beeinträchtigt. Die Reflexion dessen, was pädagogisch wertvoll und erstrebenswert ist, tritt dabei in den Hintergrund.

Der Schüler Martin drückte dies treffend auf einer Klassenkonferenz aus. Ihm wurde vorgeworfen, seinen Klassenkameraden Jens über lange Zeit durch verbale Attacken isoliert und gedemütigt zu haben. Die Konferenz war erst einberufen worden, nachdem die Eltern des Mobbingopfers der Schule mit massiven juristischen Konsequenzen gedroht hatten, weil sie untätig Mobbing gegenüber ihrem Kind zugelassen hatte.

„Ich verstehe gar nicht, was das hier soll. Ich bin jetzt seit fünf Jahren auf dieser Schule. Bisher hat sich keiner darum geschert, wenn ich einen angemacht habe. Auch während des Unterrichts nicht. Im Gegenteil. Die Lehrer haben ja oft genug mitgelacht, wenn ich meine Sprüche machte. Stress habe ich hier bisher nur einmal bekommen. Weil ich nämlich auf dem Stuhl gewippt habe und der kaputt gegangen ist. Und jetzt bekomme ich eine Konferenz, nur weil ich den Jens angemacht habe. Ich habe immer gedacht, dass das hier keinen kümmert. "

Strafen verteidigen Werte

Ein wichtiger Wert, den jede Schule vertreten sollte, ist der, dass jede Schülerin und jeder Schüler ein Anrecht darauf hat, ohne psychische und ohne physische Übergriffe von Dritten zu leisten, zu lernen und sich zu verhalten. Aber dieses Grundrecht, unbehelligt die Schule zu besuchen, wird im Alltag immer wieder gebrochen.

Schulen reagieren unterschiedlich auf diese **Verletzung zentraler Werte:** Nicht selten wird sie einfach ignoriert. Dann mag zwar im Schulprogramm hehr verkündet werden, dass die „Bildung zu verantwortungsbewussten, demokratischen Menschen im Mittelpunkt schulischen Handelns" stehen würde, aber jeder weiß, dass es sich um eine Leerformel handelt. Und je mehr Leerformeln ein Schulprogramm absondert, je weniger die hohen Ansprüche und aufgeblasenen ethischen Formulierungen auf die alltägliche Praxis bezogen werden, desto phrasenhafter wird das Ganze. Im Grunde könnte man über die hohlen Begriffe, die das Leitbild vieler Schulprogramme bestimmen, lachen. Es ist aber nicht komisch, dass durch den inflationären Gebrauch pädagogischer Hochwertbegriffe, an die kein Praktiker mehr glaubt, jede Wertorientierung unglaubwürdig wird. Weil im Alltag so oft Werte nicht umgesetzt werden, werden sie wertlos.

Stellen wir uns eine andere **Schulkultur** vor, in der die Lehrer einheitlich Übergriffe gegenüber Mitschülern sanktionierten. Verächtliche Bemerkungen wie: *„Der hat das immer noch nicht verstanden, muss der blöd sein!"*, würden nicht hingenommen werden, sondern deutlich zurückgewiesen und im Wiederholungsfalle sanktioniert. Die Schule hätte sich darauf festgelegt, das Grundrecht zu wahren, unbehelligt von Angriffen, Demütigungen und Gewalt die Schule zu besuchen. Dann ergäbe sich auch die Konsequenz, zu sanktionieren, wenn dieses Recht erkennbar oder wiederholt in Frage gestellt wird. Diese einschränkende Formulierung treffe ich, weil Umgangsformen zwischen Jugendlichen eine großzügige Auslegung empfehlen.

Wären die Lehrer Martins aggressivem Verhalten früher und energischer entgegengetreten, hätte Martin als einen Wert verinnerlicht, dass Mitschüler zu respektieren sind. Dann hätte sich das **fehlende Unrechtsbewusstsein** in Martin nicht entwickeln können. Denn sein Gedanke, dass es nicht schlimm sei, Mitschüler zu attackieren, konte sich langfristig nur vor dem Hintergrund einer Alltäglichkeit bilden, die diese Übergriffe zuließ.

Einen anderen Verlust von Werten erfuhr Jens, Martins Opfer. Dass die Schule die Übergriffe gegen ihn lange Zeit ohne Reaktionen hinnahm, machte ihm klar, dass sein Schutz und seine Integrität für die Schule nicht bedeutsam waren, keinen Wert hatten, dass Grundrechte, die gesellschaftlich reklamiert werden, in der Schule keinen Bestand haben.

Um es mit einem anderen Beispiel zu veranschaulichen: Wenn Sie eine schwere, öffentliche Beleidigung durch einen Schüler ohne zu reagieren einstecken, dann mag das darauf verweisen, dass Sie ein gutmütiger Mensch sind, der sich nicht provozieren lässt.

Ihre Nichtreaktion zeigt aber auch, dass Ihnen Ihr Ansehen – zumindest in dieser Öffentlichkeit – weniger wichtig ist und dass Sie den Wert **gegenseitiger Achtung** vielleicht persönlich schätzen, aber nicht willens sind, diesen zu verteidigen.

Strafen schaffen ein Bewusstsein für Werte

Hätte die Schule, um beim Beispiel von Martin und Jens zu bleiben, den Wert ernst genommen, dass jeder Schüler ein Recht darauf hat, unbehelligt von physischen und psychischen Übergriffen zu lernen, hätte sich auch die Wahrnehmung der Lehrer stärker auf das Miteinander fokussiert. Die Lehrer hätten sich über die sozialen Strukturen in ihren Klassen intensiver ausgetauscht, und dann wären ihnen auch Martins Übergriffe aufgefallen.

Für Martin hätte das konsequenterweise bedeutet, dass die Lehrer sein Verhalten missbilligten und ihn zumindest auf sein Fehlverhalten angesprochen hätten. Es ist nicht sicher, ob Martin eingesehen hätte, dass er sich falsch verhielt. Aber spätestens im Wiederholungsfalle wäre er sanktioniert worden. Martin hätte zumindest damit implizit erfahren, dass es der Schule wichtig ist, Mitschüler respektvoll zu behandeln. Und nicht nur Martin wäre dies deutlich gemacht worden, sondern auch der Klasse. So entstünde ein Umfeld, in dem Übergriffe nicht mehr grinsend gebilligt werden, sondern als Übergriffe wahrgenommen werden. Martin hätte so eine große Chance gehabt, zu lernen, dass es wichtig ist, auch im eigenen Interesse, andere zu respektieren.

Man soll den Einfluss und die Möglichkeiten von Schulen nicht überschätzen. Sie können nicht die Welt retten. Schulen, die gegenseitige Achtung vermitteln wollen, tun sich schwer in einer Gesellschaft, die sich über nachmittägliche Talkshows amüsiert, deren Ziel es ist, mit Genuss Schwächen Unterprivilegierter auszubreiten und zum Angriff auf deren Würde zu nutzen.

Allerdings sollten Widerlichkeiten der Spaßgesellschaft nicht als Vorwand zur Resignation genommen werden. Zwar ist die Schule Teil der Gesellschaft, aber sie kann in ihrem Bereich **eigene Werte** offensiv vertreten und auch durchsetzen. Gelingt es, den Respekt vor dem Anderen als Wert in der Klasse erlebbar zu machen, würde auch die Gruppe ihr Verhalten ändern. Das Empfinden, was tolerabel ist und was nicht, würde sich entwickeln können. Und damit wären die elaborierten Präambeln der Schulprogramme nicht nur Makulatur.

Wandel gesellschaftlicher Bedingungen

> Die gesellschaftlichen Bedingungen haben sich gewandelt, deshalb sind Werte in der Schule zu vermitteln und zu entwickeln.

Das gerade diskutierte Beispiel zeigt noch mehr: Martin fehlte das **Unrechtsbewusstsein**. Martin hat auch in seinem Elternhaus nicht erlernt, was sich gehört und was nicht, um auf diese antiquierte Formulierung zurückzugehen. Die Schule kann heute nicht mehr von einem **allgemein verbindlichen Wertekanon** ausgehen, den jedes Kind von Hause aus mitbringt. Das beginnt bei sehr einfachen Dingen.

Eine Grundschullehrerin berichtet von folgendem Vorfall:

Gleich am zweiten Schultag der neuen ersten Klasse musste sie zwei sich prügelnde Schüler voneinander trennen. „Hier schlagen wir uns nicht. Wir lösen einen Streit mit Worten." Mit verschwitztem Gesicht und verbissenem Ausdruck antwortet einer der Streithähne: „Mein Vater hat mir gesagt, ich soll mir nichts gefallen lassen, und wenn mir einer krumm kommt, soll ich draufhauen." Im weiteren Gespräch mit dem Jungen erfuhr sie, dass der Vater zu Hause von dem elterlichen Züchtigungsrecht sehr intensiven Gebrauch machte.

Am selben Tag weigerte sich ein Schüler, nach dem Klingeln seinen Platz aufzusuchen. „Ich brauche nur zu tun, was ich will."

Was sich hier im Kleinen zeigt, ist der Ausdruck einer gesellschaftlichen Entwicklung, die mit dem Begriff **Individualisierung** beschrieben wird. Mit ihm wird eine Entwicklung beschrieben, in der Traditionen und Werte an Relevanz für den Einzelnen verlieren, wohingegen die Individuen in zunehmendem Maße die Möglichkeiten haben, aber auch dem Zwang unterliegen, ihr Leben eigenverantwortlich zu gestalten.

Entschieden zuvor **Traditionen** (das macht einen „anständigen" Menschen aus) und **Institutionen** (der Einfluss der Kirche reichte bis in den Alltag der Menschen), wie und zu welchen Zielen erzogen werden musste, müssen heute Eltern selbst entscheiden, wie der Umgang mit den Kindern zu gestalten ist. Das stößt auf Schwierigkeiten und Probleme. Handlungszwänge und damit auch **Handlungssicherheiten** sind verloren gegangen. Die medial dauerpräsenten „Super-Nannies", die ratlosen Eltern mit Patentrezepten auf die Sprünge helfen, sind ein **Indikator** dieser Entwicklung. Eltern haben zunehmend Schwierigkeiten, ihre Rolle wahrzunehmen. Dies zeigen auch folgende, auf Elternsprechtagen häufig gehörte Sätze: „Ich bin der beste Freund meines Sohnes." – „Können Sie mir nicht sagen, was ich machen soll? Sie haben das doch studiert. Ich komme mit meinem Kind nicht mehr klar."

Die Vielfalt und Unsicherheit elterlicher Konzepte wirkt sich auch auf die Kinder aus. Wie ein Witz erscheint folgender Dialog, den ein Hauptschullehrer mit Schülerinnen seiner 8. Klasse geführt hat: „Chantal, du hast zu Nadine ,Nutte' gesagt. Das ist eine Beleidigung. Das will ich nicht mehr hören." Darauf antwortete Nadine: „Ach, das ist doch nicht so schlimm. Das sagen wir doch alle." Der Lehrer, mehr zu sich selbst sprechend: „Mit euch Papp-

nasen weiß ich manchmal nicht weiter." Nadine, den Tränen nah: *„Das ist gemein, ich will keine Pappnase sein."*

Eine ernstere Seite des Werteverlustes zeigt sich regelmäßig, wenn Lehrer ein Fehlverhalten thematisieren: *„Das ist doch gar nicht schlimm."* – *„Das ist alles nur Spaß!"* – *„Wegen so einer Kleinigkeit machen Sie mir Stress?"* – *„Der hat doch selbst Schuld, wenn der immer so komisch ist."*
Man könnte diese Antworten als Taktik abtun, hinter der sich ein durchaus differenziertes Wertesystem verbirgt. Aber allein diese Taktik, dass nämlich nur ein kleiner Teil von Schülern bereit ist, ein **klares Fehlverhalten** auch einzugestehen, zeigt, dass der Wert, kritisch und offen mit sich und dem eigenen Fehlverhalten umzugehen, offensichtlich verloren gegangen ist.

In der letzten Zeit berichtet die Presse nicht nur von Internetattacken gegen Lehrer, sondern auch davon, dass Schüler **Übergriffe gegen Mitschüler** filmen und dieses öffentlich zugänglich machen. Wenn Schüler öffentlich zeigen, wie sie einen Mitschüler zusammengeschlagen haben, einen Klassenkameraden gegen sein verzweifeltes Wehren nackt ausgezogen haben, wenn sie Nacktfotos von sich mit pornographischen Posen ins Netz stellen, ist dies nicht nur ein Ausdruck von **Werteverlust**, sondern auch von **fehlenden Scham- und Schuldgefühlen**. Der Anspruch, Spaß zu haben, hat hier Werte und die Rücksichtnahme auf die Rechte des anderen verdrängt.

Mit dem vagen, inhaltlich eigentlich nie gefüllten Begriff „Spaß" wird nahezu alles erklärt oder entschuldigt. Und das ist sehr schwer aufzubrechen: Vor Kurzem arbeitete ich mit einem Oberstufenkurs einer Gesamtschule über das Thema Mobbing in der Schule. Nach den Ursachen befragt, verwies ich auch auf die nachmittäglichen Talkshows, die sich zum Prinzip gemacht hätten, meist einfache Menschen vorzuführen und deren Schwäche gnadenlos dem Gelächter auszuliefern. Ich machte dies an einem Beispiel klar, in dem eine übergewichtige Frau, die von sich behauptete, sie sei sexy, unter dem Gejohle des Publikums von einem Gast hörte, dass man schon bei der Vorstellung, sie nackt zu sehen, kotzen müsse. Ich stellte dies als ein negatives Vorbild für Kinder und Jugendliche dar, die so lernten, die Achtung vor dem anderen zu verlieren und dass es sozial akzeptiert sei, die Würde des anderen öffentlich anzugreifen, wenn dieser nur Schwächen zeige. Da stieß ich auf erheblichen argumentativen Widerstand. Das sei doch nur Spaß. Außerdem hätte die Frau doch selbst Schuld. Sie ginge doch freiwillig in die Show. Keiner würde sie zwingen. Und wenn sie so hässlich aussähe, müsste sie schon in Kauf nehmen, solche Sprüche zu hören. Außerdem sollte ich nicht jeden Spaß so ernst nehmen. Spaß zu haben, sei doch eine „gute Sache". Allerdings gab es auch Schüler, die meine Argumentation unterstützten. Überzeugen konnte ich die Gegenseite jedoch nicht.

Aber nicht nur die weiter fortschreitende **Individualisierung** macht die Wertorientierung von Schulen notwendig, sondern auch eine andere Entwicklung, die nur mittelbar mir der Individualisierung zusammenhängt: Deutschland ist ein Einwanderungsland geworden. In vielen Schulen stellen Kinder mit Migrationshintergrund bereits jetzt eine Mehrheit. Ohne hier auf Ursachen eingehen zu können, ist sehr allgemein festzuhalten, dass vielerorts die **Integration von Migranten** gescheitert oder zumindest mit erheblichen Problemen belastet ist. Im Berliner Stadtteil Neukölln sind die Probleme derart eskaliert, dass der Bürgermeister erwägt, professionelle Sicherheitsdienste an den Schulen zu installieren, um Übergriffe gegen Lehrer und Schüler zu verhindern.

Wenn sich auch in den meisten Teilen unseres Landes die Probleme weniger spektakulär und weniger aggressiv stellen, ist doch offensichtlich, dass eine **funktionierende multikulturelle Gesellschaft** großer Anstrengungen bedarf. Verschiedene Kulturen haben unterschiedliche Werte, und Minderheiten, die sich benachteiligt fühlen, vertreten die Werte ihrer eigenen Kultur nachdrücklich, manchmal sogar aggressiv. Das zeigt sich nicht nur in den bekannten Themen, wie in der Auseinandersetzung über Kopftuch tragende Lehrerinnen oder im Streit über Sexualaufklärung und die Teilnahme muslimischer Mädchen am Schulschwimmen, sondern setzt sich fort im Höflichkeitskodex oder in Essgewohnheiten.

Die nicht gelösten Probleme der **multikulturellen Gesellschaft** wirken sich auf die Schulen aus. Viele Kinder wissen nicht mehr, was erlaubt ist und was nicht, und welche Umgangsformen in der Schule angemessen sind. Deshalb muss die Schule klarmachen, welche Werte ihr wichtig sind, und sie muss diese Werte auch durchsetzen. Oder sie kann keinen Wert mehr glaubhaft vertreten, wodurch der Bildungsanspruch der Schulen aufgegeben würde. Um Missverständnisse zu vermeiden: Werte lassen sich nur auf der Basis von Überzeugung und Vorleben vermitteln. Sanktionen sind erst dann zu verhängen, wenn beides nicht mehr trägt. Dann allerdings müssen sie eingesetzt werden.

Strafen basieren auf solidarischem Handeln der Lehrenden

Zuvor ist sehr gezielt der Begriff Schule gebraucht worden: Schulen sollen Werte vermitteln und vertreten. Natürlich betrifft dies auch jeden einzelnen Lehrer. Aber der steht auf verlorenem Posten, wenn er allein handelt. Das Beispiel einer Kollegin aus einer Grundschule veranschaulicht dies: Diese hatte mit ihrer Klasse immer wieder Streit, weil sie Beschimpfungen zwischen Schülern nicht duldete. Ärgerlich und am Ende ihrer Geduld herrschte sie ihre Klasse an: *„Wieso kapiert ihr das denn nicht? Hier wird keiner beschimpft. Das habe ich euch schon 100-mal gesagt! Aber ich stoße nur auf taube Ohren bei euch. Könnt ihr denn nicht begreifen, dass ich diese andauernden gegenseitigen Beleidigungen nicht mehr hören will?"* – Schweigen. Dann brummelt es aus der einen Ecke der Klasse: *„Was regen Sie sich denn so auf? Im Sportunterricht dürfen wird das doch auch."* – *„Und bei Herrn Leopold geht das auch, der sagt gar nichts. Der beschimpft uns doch selbst. Blödmänner, Spinner und so."* – *„Und wenn Frau Bechter Aufsicht hat, sagt die auch nie was. Die grinst nur."*

Verhalten sich die Lehrer einer Schule bei Regelverstößen und Normenverletzungen nicht einheitlich, so verkümmern die Werte, die der Einzelne vertritt, zu einer persönlichen Marotte, nach dem Motto: *„Bei der muss man aufpassen, wenn man Schimpfwörter loslässt. Die nimmt das persönlich. Die tickt da schnell aus!"* Schüler, denen sich ihre Schule so präsentiert, verinnerlichen keine Werte, sondern vermeiden lediglich Konflikte.

Kooperation zwischen Lehrern, die die Aufsichtsbehörde immer wieder fordert, erhält erst dann eine verbindliche, die Schule tragende Funktion, wenn ein Kollegium in Zusammenarbeit mit Schülern und Eltern erarbeitet, welche Werte ihm wichtig sind und wie es diese Werte konkret umsetzen will. Dazu gehört auch die Überlegung, wann welche Sanktionen einzusetzen sind, wenn gegen diese Werte verstoßen wird. Fehlt diese Vereinbarung, spricht die Schule nur unverbindliche Empfehlungen aus.

Um die Kooperation zwischen den Lehrern zumindest einer Klasse zu gewährleisten, treffen Sie doch folgende Regelung:

1) Alle gravierenden Disziplinarprobleme sind dem Klassenlehrer zu melden. Gemeinsam mit dem jeweiligen Fachlehrer entscheidet er über eventuelle Sanktionen.

2) Im Zusammenhang mit der Zeugniskonferenz beschreibt der Klassenlehrer (am besten mit Hilfe einer Tischvorlage) gravierende pädagogische Probleme und entwickelt konkrete Konzepte, die gemeinsam mit der Klasse durchzusetzen sind.

Das kann im Einzelfall so aussehen: „Die Jungengruppe um Tim (also Bülent, Jannis, Marcel) sondert sich zunehmend von der Klasse ab. Sie ärgern gezielt zwei Mädchen (Christine, Sophie).

Ich schlage zunächst ein ‚ernstes Gespräch‘ nur mit den Jungen, dem Stufenleiter und mir vor. Außerdem bitte ich alle Kollegen, unmittelbar alle witzigen Bemerkungen und Späße der vier über Mitschüler zu unterbinden."

Identische Regeln im Kollegium

Sanktionen werden als Schikane empfunden, wenn sich einige als „nette Lehrer" auf Kosten der Kollegen profilieren.

Im Bus hörte ich vor Kurzem ein Gespräch zwischen Schülern mit. Es ging um die Bewertung von Lehrern. Zunächst wurde über einen mir unbekannten Kollegen geschimpft. Er sei langweilig und spreche im Unterricht endlos über Themen, die nur ihn selbst interessierten. Der Verriss war einhellig, bis plötzlich eine Gegenstimme zu hören war: *„Der ist trotzdem cool."* – *„Du spinnst wohl, der und cool."* – *„Nein, ehrlich. Gestern bin ich in der großen Pause vom Schulhof gegangen. Zum Bäcker. Ich hatte ganz schön Stress, weil die jetzt, wenn die einen erwischen, sofort den Klassenlehrer informieren, der die Eltern anschreibt, wenn es zum zweiten Mal vorkommt. Und mich hatten die schon einmal erwischt. Also, wer steht neben mir beim Bäcker? Der ..."* – *„Hat der dich gesehen?"* – *„Na klar."* – *„Und was hat er gemacht?"* – *„Erst hat er gegrinst und dann gesagt: ‚Ich überlege, woher ich dich kenne. Du bist doch kein Schüler der Schiller-Schule oder?‘ – ‚Nee‘, habe ich gesagt.*

,*Sie müssen mich mit jemandem verwechseln.'* *Und heute, bei meinem*
Klassenlehrer: Kein Wort von Schulhofverlassen oder so. Nix."
Nach dieser Darstellung wurde der Lehrer mehrheitlich für cool befunden.

Aus Schülersicht ist diese Einschätzung verständlich. Da setzt ein Lehrer
sich mit Humor über ein starres Regelwerk hinweg und lässt „Fünfe gerade"
sein. Diese spontane Schülersicht ist verständlich, aber sie ist natürlich
nicht besonders weitsichtig.

Die Akzeptanz, die dieser Kollege hier erfährt, basiert darauf, dass er sich
nicht an **gemeinsame Beschlüsse** hält. Er profiliert sich auf Kosten anderer
Lehrer, denn sein Verhalten zeigt ja, dass es anders geht, dass man kein
sturer Prinzipienreiter sein muss. Die anderen Kollegen, die sich an die
Absprache halten, haben es schwer, und zwar doppelt: Sie werden als
kleinlich beurteilt, weil der Kollege ja gezeigt hat, dass es anders geht.
Und sie werden es schwer haben, künftig Regeln durchzusetzen, weil
der **Regelbruch** von einem Träger des Systems vorgelebt wird.

Dieses „nette" Verhalten ist, um ein aus der Mode gekommenes Wort zu
gebrauchen, unsolidarisch, und es schwächt die Schule. Ob dieser Kollege
jedoch dauerhaft als cool angesehen wird, ist zu bezweifeln. Schüler können sehr klar zwischen Großzügigkeit und Anbiedern unterscheiden.

4

Prävention ist wichtiger als Strafe, aber kein Strafersatz

In einem Buch über Schulstrafen mag das Kapitel über **präventive Maßnahmen** überraschen. Doch ist es sinnvoll, Strafen so weit wie möglich überflüssig zu machen. Das kann eine **gute Prävention** bewirken.

Präventives Handeln wirkt sich auch positiv auf die Wirkung von Sanktionen aus. Strafen, die unvermittelt erfolgen, die auf fehlendes Schuldbewusstsein treffen, die für Regelbrüche ausgesetzt werden, bei denen die Regeln die Schüler unvorbereitet treffen oder überfordern, schüchtern ein oder rufen den Widerstand Einzelner oder sogar der gesamten Klasse hervor. Schulstrafen machen also nur einen Sinn, wenn **Normen und Werte, auf denen sie basieren, geklärt worden sind**, und die Schüler die Möglichkeit haben, diese Werte umsetzen.

Klare Regeln als Teil eines Präventivkonzepts

Als Hauptseminarleiter und jemand, der Fortbildungen für ganze Schulkollegien durchführt, komme ich in viele unterschiedliche Klassen. In vielen hängen auch **Klassenregeln** aus. Fast alle diese Regeln haben eine Gemeinsamkeit: Sie werden regelmäßig gebrochen. Der alltägliche Regelbruch führt letzten Endes zur **Gleichgültigkeit gegenüber Regeln** – und das ist schädlich.

Warum klappt das nur so selten mit den Klassenregeln? Die Antwort ist einfach: Die Regeln überfordern die Klasse und den einzelnen Schüler. Dann wird sehr oft der **Regelbruch** hingenommen, ohne Sanktion. Regeln überfordern Schüler dann, wenn zu viele Regeln aufgestellt werden. Den Höhepunkt sah ich vor Kurzem im Raum einer 5. Klasse der Realschule. Dort hingen vier lange, eng beschriebene Tapetenrollen von der Decke bis an den Boden. Leider waren die Regeln nicht durchnummeriert. Nach einer flüchtigen Zählung kam ich auf über 30 Vorschriften. Teilweise enthielten sie völlig unsinnige Passagen: *„Bei der Begrüßung stehen die Schüler gerade hinter ihren Stühlen."*
Noch schlimmer aber waren die Überforderungen der Schüler, die einige der Regeln bewirkten: *„Wir verhalten uns immer freundschaftlich und freundlich."* Kann ein Schüler, der gerade eine Fünf bekommen hat, freundlich agieren? Nur eine manische oder auf eine andere Art psychisch erkrankte

Person ist in der Lage, immer freundschaftlich und freundlich zu handeln. Außerdem lässt sich diese Regel auch aus anderen Gründen weder durchsetzen noch sanktionieren: Wie kann in diesem Falle ein abweichendes Verhalten denn klar erkannt werden? Und was, bitte, ist daran zu sanktionieren, wenn eine 11-Jährige grimmig vor sich hinstarrt, ohne jemanden zu belästigen?

Entwickeln Sie deshalb mit Ihrer Klasse **nur wenige, grundlegende Regeln,** die von allen verstanden werden und die auch wirklich einzuhalten sind. Erläutern und besprechen Sie anschließend noch einmal diese Regeln, denn nicht jede Regel ist klar. Eine schwierige Festlegung ist zum Beispiel die Formulierung: *„Wir beschimpfen uns nicht."* Diesem Satz kann man sicher zustimmen, problematischer ist jedoch das Detail. Was ist eine Beschimpfung? Das wird von Person zu Person unterschiedlich gesehen. Was für Schüler normale Umgangsformen sind, sind für uns Lehrer oft schon Beschimpfungen. Eine Klasse, mit der ich über dieses Dilemma arbeitete, kam zu folgenden Präzisierungen: *„Wir beschimpfen nicht die Eltern unserer Mitschüler und werfen uns nicht bestimmte sexuelle Neigungen oder Verhaltensweisen vor."* Mit dieser Einschränkung war ich selbst wenig glücklich, aber aus der Klasse kam die Gegenposition. *„Mit dem Verbot von Beschimpfungen allgemein klappt das bei uns nie. Einiges finden wir auch nicht schlimm. Wir haben uns auf die Beschimpfungen geeinigt, die verletzen."*

Eine andere Regel, die ich für sehr sinnvoll halte, ist folgende: *„Wir wenden in der Schule keine Gewalt an."* Auch diese Regel ist zu erklären. Was macht Gewalt aus? Wie sind die Grenzen zwischen Ärgereien und Gewalt zu ziehen? Zu klären ist aber auch: Wie reagiere ich, wenn gegen mich Gewalt ausgeübt wird? So gibt es beispielsweise einige Schüler, die das Notwehrrecht sehr exzessiv anwenden. Im Grunde basiert dann jede Gewalt auf Notwehr. Wie reagiere ich, wenn in meiner Klasse Gewalt ausgeübt wird? Hier können **Eingreif- und Deeskalationstrainings**

Orientierungen geben, in denen eine Schrittfolge vermittelt und eingeübt wird.

Der Unfug, den viele Klassenregeln verbreiten, wird noch getoppt durch den einiger **Hausordnungen**. Manchmal sind sie nur komisch. Die Hausordnung eines Gymnasiums beginnt mit einer erhebenden Präambel: *„Ziel dieser Hausordnung ist es, zur Entwicklung einer demokratischen, allseitig gebildeten Persönlichkeit und zu einem kooperativen Miteinander beizutragen."* Das ist gewiss kein schlechtes Vorhaben, nur, wenn man die Ausführungsbestimmungen liest, verliert sich darin die allseitig gebildete demokratische Persönlichkeit. Da ist nur noch von Pausenregelungen und Lärm- und Schmutzvermeidungen die Rede. Das kooperative Miteinander hängt auch in der Luft. Der Zusammenhang von Werten, die die Hausordnung vorgibt zu vertreten, und Einzelregelungen existiert nicht.

Viele schulische Hausordnungen leiden unter dem gleichen Problem wie die Klassenregeln. Ihre Durchsetzung ist nicht zu kontrollieren. Viele Verstöße gegen die Hausordnung können nicht geahndet werden.

> Stellen Sie gemeinsam mit Ihren Schülern nur **wenige Regelungen** auf. Vergessen Sie dabei nicht den Zusammenhang von Wert (Was ist mir/uns wichtig?) und Einzelregelung (Was führt dazu, dass die Wertvorstellung im Alltag umgesetzt werden kann?).
> Achten Sie darauf, dass die Regeln eingehalten werden können.
> Klären Sie mit Ihren Schülern die **Bedeutung der Regeln** und den Umgang mit ihnen.
> Üben Sie den Umgang mit Regeln ein.
> Machen Sie deutlich, dass Regelverstöße im Regelfall sanktioniert werden.

Schulethik, Wertediskussion und Schulklima

Es gibt einen engen Zusammenhang zwischen einer oft unausgesprochenen **Ethik**, die das Verhalten im Kollegium bestimmt, und dem **Schulklima**. Leider sind ernsthafte Diskussionen, welche zentralen Werte eine

Schule wie vermitteln will, eher die Ausnahme. Solche Diskussionen gelten als unproduktiv (*„Dieses Gelaber führt doch sowieso zu nichts"*) und konflikt-trächtig (*„Eigentlich kommen wir doch gut miteinander aus. Das soll auch so bleiben. Wenn wir uns unsere pädagogischen Ideale um die Ohren hauen, entsteht bloß Streit"*).

Um dem Ausufern einer **Wertediskussion** zu entgehen, macht es Sinn, sich auf einen Aspekt und dessen Umsetzung zu beschränken, zum Bei-spiel: Was ist das wichtigste Verhaltensziel, das wir in unseren neuen Ein-gangsklassen erreichen wollen? Wie können wir es erreichen?

Gelingt es, hier eine Einigung zu erzielen und konstruktive, umsetzbare Vorschläge zu erarbeiten und zu verabschieden, wird dies auch positive Auswirkungen auf das Schulklima haben.

Heikel ist es, wenn im Kollegium **ungelöste Konflikte** herrschen, die eine konstruktive Arbeit verhindern. In diesem Fall ist es gefährlich, „schmutzige Wäsche" zu waschen, weil dies zu keiner Klärung, sondern zu neuen, erbit-terten Konflikten führt. In solch kritischen Situationen kann es Sinn ma-chen, sich einen **Referenten von außen** zu holen, der zu folgender lö-sungsorientierter Fragestellung moderieren könnte: *„Wie können wir die Kooperation und das Miteinander im Kollegium entwickeln?"* Dabei ist es wichtig, dass das Verfahren sich an Strukturen orientiert (Wie können wir die Transparenz von Entscheidungsprozessen erhöhen?), verhaltensorien-tiert vorgeht (Wie können wir Meinungsverschiedenheiten über die Klassen-führung lösen?), dass aber eine Personenorientierung vermieden wird (Wie bringen wir die Schulleitung dazu, uns zuzuhören? Wie schafft es der Kolle-ge ..., pünktlich zu erscheinen?), weil so wiederum neue, unfruchtbare Konflikte entstehen.

Präventive Konzepte für Individuum, Klasse und Schule

Die folgenden Vorschläge orientieren sich in Teilen an **Dan Olweus**. Sie ge-hen aber auch über Olweus hinaus, weil sie sich besonders darauf konzent-rieren, Mobbing in der Schule zu verhindern. Schwierig, weil oft künstlich und somit nicht immer in der Praxis durchzuhalten, ist die Trennung zwi-schen der **Individual-, Klassen- und Schulebene**. Die Konzepte werden hier nur knapp dargestellt. Ausführlicheres können Sie in meinen vorhergehenden Veröffentlichungen finden.[7]

Arbeiten mit Einzelnen

■ **Persönliche Gespräche, eventuell mit zusätzlicher Einbeziehung der Eltern**

Es ist banal, wird aber immer wieder aus den Augen verloren: Wenn Sie bei einem Schüler ein Problem erkennen, wenn Sie den Eindruck haben, dass es ihm in der Klasse nicht gut geht, sprechen Sie mit ihm. Nehmen Sie sich Zeit, ziehen Sie unter Umständen die Eltern hinzu.

■ **Konfrontationsgespräch**

Wenn ein Schüler Verhaltensweisen zeigt, die sich störend auf den sozialen Zusammenhang der Klasse auswirken, oder wenn er Verhaltensweisen zeigt, die er auf keinen Fall fortsetzen sollte, führen Sie mit ihm ein **Konfrontationsgespräch** – wenn möglich noch vor einer Sanktion. Fragen, die hier weiterführen, sind: *„Versetze dich mal in meine Lage. Wie würdest du an meiner Stelle mit dir umgehen?"* – *„Was meinst du, wie dein Mitschüler dich sieht, nachdem du …"* – *„Was bringt dir das, wenn du …"* – *„Was genau willst du tun, damit das nicht mehr vorkommt?"* – *„Hast du dir überlegt, wie sich dein Verhalten auf die Klasse auswirkt?"*

---

[7] W. Kindler: Gegen Mobbing und Gewalt. Seelze, Velber, 2002.
W. Kindler: Man muss kein Held sein, aber …! Mülheim, 2006.

Aufzeigen von Konsequenzen

Vor einer Sanktion ist es sinnvoll, auf Konsequenzen eines Fehlverhaltens hinzuweisen. Im Einzelgespräch ist das wirkungsvoller als vor der ganzen Klasse. Aber drohen Sie nicht, sondern machen Sie Ihren Schülern klar, dass ein bestimmtes Verhalten bestimmte Konsequenzen hervorruft. Drohungen basieren auf einem simplen Wenn-Dann: *„Wenn du noch einmal zu deinem Nachbar ‚Spasti' sagst, berufen wir eine Klassenkonferenz ein."* Wenn der Schüler den Nachbarn in abgemilderter Form beschimpft, sind Sie der Dumme. Wenn Sie nun nichts tun, leidet Ihre Glaubwürdigkeit. Und können Sie andererseits eine Klassekonferenz wegen einer simplen Beschimpfung einberufen?

Das **Aufzeigen einer Handlungskonsequenz** unterscheidet sich auch praktisch von einer Drohung. *„Ich habe gehört, wie du deinen Mitschüler beschimpft hast. Damit hast du eine Klassenregel gebrochen. Bisher ist mir das bei dir noch nicht aufgefallen. Aber dass das noch einmal vorkommt, werde ich nicht hinnehmen. Was ich dann unternehme, hängt vom konkreten Fall ab."*

Haben Sie in der Klasse sehr deutlich darauf verwiesen, dass ein **Regelbruch** sanktioniert wird, ist es sinnvoll, direkt eine Sanktion auszusprechen.

Schwache stärken

In jeder Klasse gibt es Schüler, die am Rande stehen, die weniger beliebt sind. Versuchen Sie, diese zu integrieren, indem Sie ihnen positiv konnotierte Aufgaben zuweisen, indem Sie sie besonders loben, aber auch, indem Sie ihnen personenbezogene Hilfen anbieten.

Streitschlichtung

Bei einem hartnäckigen Streit zwischen Schülern Ihrer Klasse, der in der Regel **Fehlverhalten** auf beiden Seiten hervorruft, macht es mehr Sinn, den Streit beizulegen als das Fehlverhalten zu bestrafen. Haben Sie an Ihrer Schule keine etablierten Streitschlichter oder Paten, können auch Sie den Konflikt schlichten. Achten Sie aber darauf, dass Sie moderieren. Sie sollten den Schülern auf keinen Fall eine bestimmte Lösung aufzwingen, sondern sie dazu befähigen, eine für sie **passende Lösung** zu entwickeln.

Arbeiten mit der Klasse

▨ Kommunikations- und Konflikttraining

Im Fach Deutsch bietet es sich besonders an, schon früh **Konflikt- und/oder Kommunikationstrainings** durchzuführen. Als besonders hilfreich hat sich gezeigt, den Unterschied zwischen **Ich- und Du-Botschaften** zu veranschaulichen und Ich-Botschaften in Konfliktspielen einzusetzen. Das beginnt schon im Kleinen, wenn ein Lehrer fragt: *„Hast du das verstanden?"*, zielt das in Richtung Du-Botschaft. Bei einem Nichtverstehen liegt das Problem ausschließlich beim Schüler. Anders die Formulierung: *„Ist meine Darstellung für euch verständlich gewesen?"* Hier wird keine Schuld zugewiesen.

In Konflikten wird die Differenz zwischen Du- und Ich-Botschaften noch augenfälliger: Weist jemand einen Vorschlag mit dem Satz zurück: *„Das ist doch langweilig"* oder noch aggressiver: *„Du bist langweilig"*, dann vermittelt die Du-Botschaft immer auch einen Angriff auf den Gegenüber. Eine Ich-Botschaft brächte dagegen lediglich die persönliche Haltung zum Ausdruck: *„Das möchte ich nicht, weil …"*

Auch hilft es in erster Linie zurückhaltenden und sanften Schülern, wenn sie sprachliches Imponierverhalten durchschauen lernen und im Training Sicherheit gewinnen, mit Beschimpfungen und anderen verbalen Angriffen umzugehen. Die Frage *„Was bringt dir das eigentlich, wenn du mich beschimpfst?"*, entwaffnet viele Aggressoren. Auch **Trainings der Körpersprache** können der ganzen Klasse helfen: Wie wirke ich selbstbewusst? Wie kann ich durch meine Körpersprache einen Konflikt deeskalieren?

▨ Klassenfragebogen und Klassenmetapher

Lehrer bekommen nicht alles mit, was in ihren Klassen geschieht. Manchmal vollziehen sich dort weniger gute Entwicklungen, die nicht erkannt werden. Ein **Fragebogen**, der anonym unter Klassenarbeitsbedingungen – niemand sieht, was der andere schreibt – ausgefüllt wird, kann Klarheit bringen. Das kann sehr simpel sein. Fordern Sie Ihre Schüler auf, in Stichpunkten zu formulieren, was ihnen an der Klasse gefällt, was sie besonders ärgert und welche Wünsche sie an ihre Lehrer haben. So erhalten Sie schnell ein klares Bild von dem, was in Ihrer Klasse vor sich geht. Gleichzeitig zeigen Sie damit Ihren Schülern, dass Ihnen ihr Miteinander wichtig ist.

Etwas schwieriger ist es, eine **Klassenmetapher** entwickeln zu lassen, die Ergebnisse gehen jedoch oft über die eines Fragebogens hinaus. Teilen Sie zunächst die Klasse in Zufallsgruppen auf (vier bis sechs Teilnehmer). Fordern Sie anschließend jede Gruppe auf, auf einem bereitgestellten Flipchartbogen ein Bild zu malen, mit dem Titel: *„Unsere Klasse als Haus".* Geben Sie dann noch knappe Hilfen: Wie ist der Zustand, die Umgebung, das Wetter? Wer befindet sich im Haus, wer sitzt am Fenster? Wer teilt sich einen Raum? Bei der Auswertung können die Maler entweder selbst ihr Bild interpretieren oder es zunächst durch die Klasse interpretieren lassen und anschließend selbst deuten. Lassen Sie Ihre Schüler abschließend

überlegen und zusammenfassen, welche Aussagen die Klassenmetaphern über die Klasse ermöglichen.

Diese Methode brachte immer dann hilfreiche Ergebnisse, wenn bei der Erarbeitung **Wert auf Ernsthaftigkeit** gelegt wurde und wenn bei der Gruppenarbeit darauf geachtet wurde, dass die Gruppe nicht von einem Schüler dominiert wurde.

Kooperation zwischen Eltern und Lehrer

Wenn Sie in Ihrer Klasse erfolgreich arbeiten wollen, benötigen Sie die **Unterstützung der Eltern**. Basis einer Kooperation ist **Klarheit**. Eine Möglichkeit, Eltern Ihr Konzept zu vermitteln, ist ein Elternbrief. Das Muster auf S. 60 vermittelt Ihnen eine Orientierung, wie so ein Brief aussehen kann.

Klare Regeln aufstellen lassen und durchsetzen

Hinweise zu Klassenregeln wurden bereits auf den Seiten 46 bis 48 gegeben. Das Durchsetzen der Regeln bedeutet auch, dass Regelbrüche sanktioniert werden.

Kooperation und gemeinsames Konzept der Unterrichtenden

Über die Notwendigkeit von Kooperation zwischen Kollegen und Möglichkeiten, diese zu realisieren, werden auf den Seiten 41–44 Hinweise gegeben.

Kooperative Lernformen

Zunächst einmal möchte ich dem Vorurteil begegnen, dass **kooperatives Lernen** an sich gut für die Klassengemeinschaft ist. Eine schlecht organisierte Gruppenarbeit führt zu Langeweile, Unterforderung und dazu, dass einige Schüler auf Kosten anderer einen entspannten Vormittag genießen. Organisieren Sie deshalb Ihre Gruppenarbeit so, dass die Zeit zur Erledigung der Aufgaben knapp bemessen ist. Stellen Sie nur Gruppenaufgaben, die für die Gruppe einen Sinn machen (zum Beispiel: *„Diskutiert, ob ..."*, anstatt *„Füllt die Tabelle aus"*). Legen Sie fest, dass jeder in der Gruppe die Pflicht hat, gegebenenfalls die Gruppenergebnisse vorzustellen. Damit können Sie vermeiden, dass sich Teile der Klasse vor der Aufgabe „drücken".

Eine Kultur des Umgangs entwickeln

Eine **positive „Umgangskultur"** entwickelt sich in der Klasse und Schule nicht von selbst. Zunächst einmal sind Sie ein **Vorbild**. Sie leben Ihrer Klasse vor, wie die Schüler miteinander umgehen. Das bedeutet, dass Sie auch in kritischen Situationen höflich und respektvoll bleiben, dass Sie Ihren Schülern gegenüber auf Ironie (hier mag es Ausnahmen geben) oder gar Sarkasmus verzichten, dass Sie gegenseitigen Respekt vorleben und einfordern.

Positive gemeinsame Aktivitäten und Projekte

Wenn eine Klasse etwas leistet, worauf sie stolz sein kann, wenn sie bei der gemeinsamen Arbeit auch noch Spaß empfindet, wenn Schüler besondere Fähigkeiten einbringen können, die sonst im Unterricht weniger zum Tragen kommen, führt das zu einer **höheren Identifikation** mit der Klasse, zu einem höheren Maß an **Zufriedenheit** und zu einer geringeren Bereitschaft zu deviantem Verhalten. Inzwischen finden sich in der Fachliteratur eine große Anzahl ausgearbeiteter **Projektvorschläge**.

Regelmäßige Klassengespräche

In einigen Klassen gibt es die feste Institution des **Klassenrates**, in dem im Abstand von vierzehn Tagen anfallende Probleme mit Lehrern oder zwischen den Schülern offen besprochen werden. Diese Gespräche sind dann besonders gelungen, wenn Anregungen zu Veränderungen ihr Ergebnis sind. Aber auch ohne diese Einrichtung lassen sich informell in regelmäßigen Abständen Gesprächsrunden, die das **Klassenklima** zum Thema haben, durchführen. Sie nutzen der Klasse besonders, wenn es nicht nur beim Austausch bleibt, sondern konkrete Maßnahmen vorgeschlagen und entwickelt werden.

Teilnahme gewählter Schülervertreter

Die **Wahl eines Klassensprechers** sollte mehr als eine Formalie sein. Sein Amt können Sie aufwerten, wenn Sie geeignet erscheinende Probleme, die die Klasse betreffen, mit ihm und seinem Vertreter besprechen. Die **Planung einer Klassenfahrt** kann ein Beispiel für solch ein Gespräch sein, wobei die Klassenvertreter vorher ein Votum der Klasse einholen sollten und bestimmte Entscheidungen der Klasse zur Abstimmung vorgelegt werden sollten. Fragen Sie Ihre Klassenvertreter auch, wie sie bestimmte Probleme zwischen den Schülern sehen.

Klassentelefon

Wenn Sie eine Klasse haben, die sich in der Regel verantwortungsbewusst und vernünftig verhält, rate ich Ihnen, ein **Klassentelefon** einzurichten. Geben Sie Ihren Schülern – am besten per Handzettel – Ihre Telefonnummer und Zeiten, an denen Sie zu erreichen sind. Machen Sie klar, dass Sie einen Anruf auf keinen Fall als Störung empfinden würden und dass Sie, wenn es gewünscht wird, über ein Gespräch Stillschweigen bewahren. Ich habe als Beratungslehrer meine Telefonnummer öffentlich gemacht, bin dabei auch mehrfach um Rat gefragt worden. Es ist, entgegen allen anfänglichen Befürchtungen, in keinem Fall vorgekommen, dass ich mit irgendwelchen Blödeleien oder anderem Unsinn behelligt wurde.

Klare Kommunikationswege

Oft nehmen Klassen Mobbing und Regelbrüche passiv hin, weil sie nicht wissen, wie sie dagegen vorgehen können. Eine Hilfe schaffen **klare Schrittfolgen und Kommunikationswege.** Sie können diese mit der Klasse erarbeiten oder auch mit Hilfe eines Handzettels eröffnen.

Klassenvertrag

Einen Vertrag abzuschließen, hat sich bei **Schlichtungen** als geeignetes Verfahren bewährt. Die Parteien fühlen sich durch ihre Unterschrift eher verpflichtet, die getroffenen Vereinbarungen einzuhalten. Außerdem wird durch die **schriftliche Form** die Vereinbarung nicht nur wieder abrufbar, sondern auch präziser und klarer.

Wenn ich an Schulen gegen Mobbing arbeite, hat es sich ebenfalls als erfolgreich herausgestellt, eine ganze Klasse vertraglich gegen Mobbing zu verpflichten. So hängt seit Kurzem in einer 6. Klasse eines Gymnasiums folgender Vertrag:

„Wir verpflichten uns, in Zukunft gegenüber Burak keine sprachlichen und körperlichen Angriffe durchzuführen und ihn nicht mehr auszuschließen." Der Text war so von den Schülern formuliert und von der ganzen Klasse unterschrieben worden.

Als Zusatz habe ich noch einen Ergänzungsvertrag angeregt, der von 16 Schülern der 28-köpfigen Klasse unterzeichnet wurde:

„Ich verpflichte mich, wenn dieser Vertrag gebrochen wird, einzugreifen, indem ich entweder direkt Burak unterstütze oder mich an den Klassenlehrer wende. Dabei weiß ich, dass meine Hilfe vertraulich behandelt wird."

Klassenverträge machen dann Sinn, wenn sie die Klasse zu **verantwortungsvollem Eingreifen** aktivieren möchten. Dann entsteht seltener die Notwendigkeit, Fehlverhalten zu sanktionieren. Ein Beispiel für einen Klassenvertrag finden Sie auf S. 61.

Veränderungen im System Schule

Veränderungen im System Schule kann ein einzelner Lehrer nicht bewirken. Dies gilt auch für die Schulleitung. Sie kann Veränderungen zwar anordnen, aber diese nicht gegen den Willen des Kollegiums erfolgreich durchsetzen. Für jeden dieser Vorschläge zur Gewaltprävention gilt, dass er von der **Mehrheit der Lehrer** einer Schule befürwortet werden sollte. Sonst machen die Veränderungen keinen Sinn.

Paten- oder Schlichterkonzept

Es gibt eine Vielzahl unterschiedlicher **Peergruppenkonzepte**, die sich im Schulalltag bewährt haben und bewähren, weil dort Schüler Verantwortung für Mitschüler übernehmen. Das bekannteste Konzept ist die **Schülerstreitschlichtung**. Dessen Erweiterung ist das **Patenmodell**, in dem ältere Schüler verantwortlich Klassen betreuen, wobei sie über eine Schlichtung hinausgehende Funktionen ausüben. Diese Paten versuchen, besonders auf der Basis ihres guten Kontakts zur Klasse, Ausgrenzungsprozessen oder Mobbing in einem frühen Stadium entgegenzuwirken. In einigen Schulen fungieren **Schüler als Pausenhelfer**, greifen bei Auseinandersetzungen ein und schlichten Streit. Ländlich gelegene Schulen mit weiten Anreisen haben Schüler zu Buslotsen ausgebildet, die Vandalismus und Prügeleien unterbinden. Alle Peergruppenmodelle haben eines gemeinsam: Sie beteiligen Schüler an Konfliktlösungen. Dafür aber müssen sie dauerhaft und gründlich betreut werden. Das bedeutet auch, dass die Kollegen, die diese Gruppen betreuen, entsprechend entlastet werden.
Bleiben diese Peergruppen ohne eine entsprechende, **dauerhafte Betreuung**, stellen sie nach kurzer Zeit die Arbeit ein, und ein positives Vorhaben, das mit viel Enthusiasmus und mit noch mehr Mühe und Zeitaufwand gestartet wurde, wird nur noch zynisch bewertet.

Hausordnung

Eigentlich hat jede Schule eine **Hausordnung**, in der Regel mit vielen unterschiedlichen Vorschriften. Diese, und das ist ein erster Anlass zur Kritik, sind vielen Schülern nicht bekannt. Die Hausordnung hängt irgendwo aus, wird aber nur bei einigen Schulen im Unterricht besprochen. Was nicht bekannt ist, kann nicht eingehalten werden.
Viele Hausordnungen enthalten „Sprachmüll". Sie sollten gründlich entrümpelt werden. Mit dem Sprachmüll ist ein letztes, besonders wichtiges Problem verbunden: Viele Hausordnungen enthalten Passagen, die so vage

formuliert worden sind, dass Übertretungen nicht sanktioniert werden können. Überprüfen Sie die Hausordnung Ihrer Schule danach, ob die einzelnen Vorschriften konkret und einzuhalten sind und ob ein Bruch dieser Vorschriften sanktioniert werden kann.

Kultur des Eingreifens

Die Schülervertretung (SV) eines Gymnasiums wollte herausfinden, wie häufig **körperliche Auseinandersetzungen** in den großen Pausen stattfanden. Vier Teams begutachteten mit Hilfe von vorbereiteten Bögen klar unterteilte Sektoren des Schulhofes. Die Schüler erhielten ein verblüffendes Ergebnis, das eher ein Nebenprodukt der Untersuchung war. Selbst bei ernsthaften Rangeleien griff die Aufsicht nur selten ein. Die Lehrer dieser Schule schauten mehrheitlich weg. Es ist sicherlich nicht möglich, diese kleine Untersuchung empirisch zu verallgemeinern, doch zeigt sie ein Grundproblem von Pausenaufsicht auf: Nur in wenigen Schulen gibt es Absprachen, wann eingriffen wird und wie einzugreifen ist. Nur in wenigen Schulen herrscht **Klarheit**, wie bei Beleidigungen gegen Lehrer oder gegen Schüler vorzugehen ist. Diese Unsicherheit führt zur Passivität.

Eine Kollegin berichtet: *„Wir hatten mit der Aufsicht immer Probleme bei Prügeleien auf dem Schulhof. Griffen wir ein, sagte uns einer der Kontrahenten, meist der Überlegene, regelmäßig: ‚Das ist nur Spaß. Wir machen Spaßkloppe.‘ Der andere nickte das dann stumm ab – wobei ich den Eindruck habe, dass die so genannte ‚Spaßkloppe‘ sehr oft sich zu einer echten Prügelei verwandelt. Ich kam mir dabei dumm vor und habe nur dann eingegriffen, wenn es richtig heftig wurde. Jetzt haben wir bei uns die ‚Spaßkloppe‘ verboten. Mit dem Erfolg, dass es kaum noch Prügeleien gibt.“*

Wenn in einem Kollegium **klare Regelungen** entwickelt werden, die die Probleme der konkreten Schule am besten erfassen, ist das eine Möglichkeit, dem Wegschauen entgegenzuarbeiten.

Fragebogen

Was in einer Klasse sinnvoll ist, gilt auch für eine ganze Schule. Mit Hilfe eines **Fragebogens** mit Multiple-Choice-Antworten, kann man mit vertretbarem Aufwand Erkenntnisse über Gewaltvorkommen und -formen, über Schulzufriedenheit, Wahrnehmung des Kollegiums und politische Haltungen der Schulerschaft gewinnen. Die Ergebnisse können dann wiederum als **Basis für Innovationen** in der Schule dienen.[8]

Beschwerdetelefon

Wenn es eine Schule personell ermöglichen kann, sollte sie ein **Beschwerdetelefon** einrichten, das zu festgelegten Zeiten betreut wird. Dieses Telefon sollte für Eltern und Schüler offenstehen und nach dem **Prinzip der Vertraulichkeit** arbeiten.

Damit ist die Liste von präventiven Möglichkeiten keineswegs abgeschlossen. Die Landesinstitute, die Polizei oder Institutionen wie Lions Quest haben tragfähige Konzepte, die jede Schule, auf ihre Bedürfnisse bezogen, übernehmen kann.

---

[8] Einen Fragebogen, den ich zusammen mit meinem Kollegen Ludger Linneborn entwickelt habe und der an unserer Schule zwei Mal mit Erfolg eingesetzt worden ist, finden Sie im Anhang (vgl. S. 149–154). Der Fragebogen erfasst Gewaltvorkommen, Einstellungen zur Gewalt, politische Einstellungen und Einstellungen zur Schule selbst.

Liebe Eltern,

mit diesem Schreiben bitte ich Sie um Ihre Mitarbeit und Hilfe. Wenn Schule gelingen soll, liegt die Grundlage dafür in der Zusammenarbeit von Eltern, Schülern und Lehrern. Die Pädagogik in der Schule ist schwieriger geworden, für alle Beteiligten, denn Schulklassen bilden heute nicht mehr von selbst eine Gemeinschaft.

Die Pädagogik in der Schule muss sich zwangsläufig von der Erziehung in der Familie unterscheiden. Anders als in der Familie, sitzen in der Schule 30 Kinder in einem Raum und müssen miteinander arbeiten. Damit dies gelingt, haben wir klare Regeln, die für alle gelten, die alle einhalten müssen und die alle schützen. Regeln machen aber nur dann einen Sinn, wenn sie von allen respektiert werden. Bei Regelbrüchen wird deshalb das Fehlverhalten sanktioniert. Bei ernsthafteren Problemen werden Sie von mir informiert werden. Ich bitte Sie dabei um ihre Unterstützung und Mitarbeit, damit sich ein Fehlverhalten nicht wiederholt.

Und falls sich Ihr Kind einmal falsch verhalten sollte – kein Mensch verhält sich immer korrekt –, unterstützen Sie Ihr Kind mehr, wenn Sie ihm liebevoll kritisch begegnen, als wenn Sie sein Fehlverhalten verharmlosen. Denn dann wird sich alles wiederholen.

Fragen Sie Ihr Kind nicht nur nach Schulnoten, sondern auch danach, wie es sich in der Klasse fühlt, wie die Beziehungen der Schüler untereinander sind. Fragen Sie auch danach, wie es anderen Kindern in der Klasse geht. Oft können wir Lehrer nicht bemerken, wenn etwas in der Klasse schiefläuft. Negatives geschieht meist versteckt, in den Nischen des Systems. Hier kann uns Ihre Unterstützung helfen. Wenn Eltern sich mit ihren Kindern über das Klassenleben austauschen und die Schule bei Übergriffen informieren, kann beispielsweise Mobbing schon im Entstehen beendet werden.

Sie müssen deshalb keinen Mitschüler namentlich anklagen. Der Hinweis, dass beispielsweise ein bestimmter Schüler häufig ausgeschlossen oder angegriffen wird, hilft mir bereits sehr.

Sie können uns und Ihrem Kind helfen, dass es sich in seiner Klasse wohlfühlt. Über Ihre Unterstützung würde ich mich sehr freuen.

Mit freundlichem Gruß

Klassenregeln

Wie kann man vorgehen, wenn ein Mitschüler die Regeln bricht?

Gemeinsam haben wir in unserer Klasse die Regeln aufgestellt, die uns besonders wichtig zum Erhalt einer guten Klassengemeinschaft sind. Manchmal werden diese Regeln jedoch gebrochen. Was kannst du in diesem Fall tun?

✗ Zunächst bietet sich ein Gespräch zwischen dir und dem betreffenden Mitschüler an. Brülle ihn nicht an, sondern bitte ihn höflich, sich an die Regel zu halten.

✗ Wenn das nicht erfolgreich ist, suche dir Verbündete in der Klasse. Wenn ihr zu mehreren, ohne zu meckern und ohne ihn zu beschimpfen, einem Klassenkameraden klarmacht, dass er sich an die Regeln halten soll, hat das gute Aussicht auf Erfolg. Aber vermeidet dabei auf jeden Fall, dass ihr den Mitschüler ausgrenzt oder dass sich zwischen seinen Freunden und euch ein Cliquenkrieg entwickelt.

✗ Ihr könnt auch zum Klassensprecher gehen und ihn bitten, mit dem Betreffenden zu reden.

✗ Falls das alles nichts nutzt, bitte ich euch, mich anzurufen. Wenn ihr wollt, bewahre ich Stillschweigen über das Gespräch. Ich verspreche euch auch, dass ich mich nicht über eure Wünsche hinwegsetzen werde.

5

Rechtliche Grundlagen

Der Föderalismus hat uns **unterschiedliche Schulgesetzgebungen** geschenkt. Diese hier im Detail aufzuführen und ihre Unterschiede darzulegen, überschritte den Umfang dieses Buches. Deshalb wird hier nur knapp auf die allgemeingültige Gesetzeslage eingegangen. Bei bestimmten, vor allem bei gravierenderen Sanktionen empfiehlt es sich sowieso dringend, das Vorgehen mit einem Blick auf das jeweilige Schulgesetz und dessen Ausführungsbestimmungen abzusichern.

Regelungen, Hierarchisierung und Grenzen

Die Schulgesetze unterscheiden zunächst zwischen Erziehungsmaßnahmen und Ordnungsmaßnahmen. **Erziehungsmaßnahmen** dienen dazu, den Schüler auf ein Fehlverhalten hinzuweisen, ihn zu belehren. Sie können von jedem Lehrer ausgesprochen werden. Typische Erziehungsmaßnahmen sind Gespräche, Ermahnungen, Klassenbucheintragungen, Sonderarbeiten, Nacharbeiten, Nacharbeiten in der Schule unter Aufsicht, Elternbriefe oder Tadel, Verpflichtung, einen Schaden zu beheben, Aufgaben, die den Schüler sein Fehlverhalten erkennen lassen, Ausschluss von der laufenden Unterrichtsstunde. Die Schulgesetze legen fest, dass alle Erziehungsmaßnahmen unter dem **Gesichtspunkt der Verhältnismäßigkeit** zu sehen sind. Das mildeste wirksame Mittel ist anzuwenden – nicht das pädagogisch sinnvollste – denn das ist nicht immer identisch. Allerdings weist der Gesetzgeber dabei dem Lehrer einen **Ermessensspielraum** zu.

Mit dem Maßstab der Verhältnismäßigkeit sind auch die **Ordnungsmaßnahmen** anzuwenden. Ordnungsmaßnahmen spricht je nach Schulgesetz, der Schulleiter, eine Disziplinarkonferenz, eine Klassen- oder eine Lehrerkonferenz aus. Im Gegensatz zu Erziehungsmaßnahmen kann gegen Ordnungsstrafen beim Verwaltungsgericht **Klage** eingereicht werden. Gegen beide Strafen kann jedoch **Beschwerde bei der Schulaufsicht** geführt werden. Eine Beschwerde hat große Erfolgschancen, wenn gegen Formalia verstoßen wird, wenn eine Maßnahme diskriminierend ist (Niederknien, mechanisches Abschreiben langer Texte) oder wenn sie „nur" als abschreckendes Beispiel verhängt wird.

Ordnungsmaßnahmen sollten im Regelfall erst dann ausgesprochen werden, wenn vorher Erziehungsmaßnahmen stattgefunden haben.

In gravierenden Fällen, wie Mobbing, das erst spät entdeckt wird, sind jedoch Ordnungsmaßnahmen ohne vorherige Erziehungsmaßnahmen möglich. Die Liste der Ordnungsmaßnahmen ist kurz: der Verweis, die Versetzung in eine andere Lerngruppe, der zeitweilige Ausschluss vom Unterricht, die Androhung der Entlassung, die Entlassung aus der Schule, die Entlassung von allen Schulen des Landes.

Ordnungsmaßnahmen können mit erzieherischen Maßnahmen kombiniert werden. Ordnungsmaßnahmen werden nach dem **Opportunitätsprinzip** verhängt: Eine Schule muss also nicht in einer bestimmten Situation eine bestimmte Maßnahme verhängen, sondern sie entscheidet autonom über ihr Vorgehen. Falsch ist die immer noch herrschende Vorstellung, dass Ordnungsmaßnahmen nur im Sinne einer hierarchischen Abfolge, also immer nur in einer sich steigernden Abfolge ausgesprochen werden können. Man muss also nicht immer mit dem Verweis beginnen. In einem gravierenden Fall, wenn beispielsweise ein Schüler einen Lehrer mit einer Waffe bedroht, kann, ohne dass gegen diesen Schüler zuvor eine Ordnungsstrafe ausgesprochen wurde, unmittelbar die Entlassung aus der Schule erfolgen.

Ein Gerichtsbeschluss

Anhand eines Verwaltungsgerichtsurteils, das eine einstweilige Verfügung gegen einen Unterrichtsausschluss zurückweist, kann veranschaulicht werden, von welcher Grundlage die **Rechtsprechung bei Schulstrafen** ausgeht.

Die Eltern einer Schülerin hatten Einspruch dagegen erhoben, dass ihre Tochter wegen einer erheblichen körperlichen Misshandlung – die Tat selbst wurde nicht in Frage gestellt – einer Mitschülerin einen Verweis erhielt und zusätzlich noch befristet vom Unterricht ausgeschlossen wurde. Der Einspruch wurde damit begründet, dass die Tochter allein durch das Verfahren ihr fehlerhaftes Verhalten eingesehen habe, es auch nicht mehr fortsetzte. Auch seien zuvor keine erzieherischen Maßnahmen von der Schule gegenüber ihrer Tochter getroffen worden.

Diesen Einspruch wies das Gericht mit folgender Begründung zurück:

> *Ordnungsmaßnahmen kommen in Betracht zur Sicherung und Aufrechterhaltung einer geordneten Unterrichts- und Erziehungsarbeit in der Schule und der Rechte der Lehrer und der Schüler. Die Schule kann ihre Bildungs- und Erziehungsziele nur erreichen, wenn den Schülern die Grenzen ihrer persönlichen Handlungsfreiheit vor Augen geführt und die Interessen der Gemeinschaft durchgesetzt werden. [...] Die Verhängung eines schriftlichen Verweises stellt das mildeste aller Ordnungsmittel dar. Zudem wäre eine bloße erzieherische Einwirkung hier nicht ausreichend gewesen.*

Damit zeigt das Verwaltungsgericht auf, dass im Sinne der **Funktionsfähigkeit einer Schule** Ordnungsmaßnahmen unmittelbar möglich sind. Das Gericht begründet weiter:

> *Zum einen hängt die Entscheidung für oder gegen die Verhängung einer Ordnungsmaßnahme davon ab, ob die Pflichtverletzung des Schülers im Hinblick auf die Einstellung zu dem Verhalten eine Wiederholungsgefahr, und die Wirkung auf Mitschüler und Außenstehende, insbesondere die Geschädigte, eine energische und spürbare Reaktion der Schule erfordert.*

Dies sah das Gericht in seiner weiteren Begründung gegeben. Das Gericht hat hier, um es noch einmal hervorzuheben, die **Interessen des Geschädigten**, des Gewaltopfers, zur Grundlage seines Beschlusses gemacht und betont, dass das Opfer ein berechtigtes Interesse hat, dass die Schule die Übergriffe sanktioniert, unter denen es zu leiden hatte.

Abschließend geht das Gericht noch einmal auf die **Relation** von pädagogischen Maßnahmen und Ordnungsmaßnahmen ein:

> *Pädagogische Maßnahmen haben Vorrang vor Ordnungsmaßnahmen. Dies bedeutet jedoch nicht, dass in jedem Fall zunächst die geeigneten pädagogischen Maßnahmen unternommen und gescheitert sein müssen, ehe eine Ordnungsmaßnahme ergriffen werden darf. [...] Dass ein Schüler ein Verhalten einstellt, sobald ihm klar wird, dass dieses Verhalten mit Sanktion belegt werden kann, überrascht nicht. Allein die Einstellung eines entdeckten Fehlverhaltens kann jedoch für sich genommen schwerlich ausreichen, um den Schüler im Folgenden einfach unbehelligt zu lassen.*

Das Strafgericht. Holzstich um 1880, nach einem Gemälde von Carl Schlösser

6

Sichere Grundlagen von Strafen

Die Zurückweisung der einstweiligen Verfügung erfolgte auch, weil die Schule **sorgfältig** gearbeitet hatte. Die relevanten Vorgänge wurden **schriftlich dokumentiert** und mit Hilfe von Zeugenaussagen untermauert. Ebenso wurden ausführliche **Protokolle aller Vorgespräche** angefertigt. Arbeitet eine Schule weniger systematisch, kann ein Disziplinarfall eine gänzlich andere Wendung nehmen.

Eine mangelhaft vorbereitete Klassenkonferenz und ihre Folgen

Der folgende Fall spielte sich in der 9. Klasse eines Gymnasiums ab: Joseph, ein zierlicher Junge, dessen Eltern aus Polen stammten, kam neu in die Klasse. Er war sehr freundlich und ehrgeizig. Schnell ging er Marvin, dem sportlichen Klassenstar, „auf den Keks", wie der sich ausdrückte. Marvin war sportlich, schick und seine Eltern waren sehr reich. Es schien Marvin zu ärgern, dass Joseph in kurzer Zeit bessere Noten als er bekam. Aus sprachlichen Attacken („*Schleimer*", „*Arschkriecher*", „*Polensau*") wurden schnell körperliche Angriffe, meistens Schläge in den Magen. Joseph versuchte, die Angriffe zu ignorieren. Dann kam es zu einer Eskalation:
Während eines Basketballspiels verließ der Lehrer für einen kurzen Moment die Halle. Joseph beschreibt den weiteren Vorfall so: „*Marvin wollte mich ausspielen, aber ich konnte den Ball abfangen und warf ihn einem Spieler aus meiner Mannschaft zu. Gerade, als der einen Korbwurf versuchte, schlug Marvin zu. Ich hatte mit dem Schlag nicht gerechnet.*"
Joseph knallte mit dem Kopf auf den Hallenboden. Er wurde ins Krankenhaus gebracht und dort zwei Tage stationär behandelt. Die Ärzte diagnostizierten ein Hämatom und eine Gehirnerschütterung.
Daraufhin wurde die Schule aktiv. Auf der Basis von Josephs Aussagen berief sie eine **Klassenkonferenz** gegen Marvin ein.

Zu dem nicht geringen Erstaunen der Kollegen erschien Marvin mit Eltern und Anwalt. Hier beging die Schule einen weiteren Fehler: Sie ließ den Anwalt zur Konferenz zu. Nach der Schulordnung sind Anwälte nicht Teilnehmer einer Konferenz. Richtig wäre es gewesen, den Rechtsbeistand vor der Tür warten zu lassen. Aber so ergriff der Anwalt gleich das Wort, und die überraschten Kollegen hörten schweigend zu. Im Namen seines Mandanten sei er mehr als verwundert über diese Veranstaltung. Sein Mandant habe den besagten Joseph keinesfalls geschlagen. Er vermute, dieser sei ausgerutscht und unglücklich gestürzt. Es sähe aber Joseph ähnlich, dass er ihn wieder einmal, wie so oft zuvor, grundlos beschuldige, vermutlich aus Neid. Was allerdings genau passiert sei, wisse sein Mandant nicht, da er sich, als Joseph gestürzt sei, auf das Spiel konzentriert und Joseph nicht gesehen habe, weil der sich hinter seinem Rücken befunden habe.

Die Kollegen reagierten verwirrt. Es wurden zwei weitere Schüler befragt. Beide hatten angeblich nicht gesehen, was geschehen war. Die Konferenz wurde ergebnislos abgebrochen. Allerdings hörte die Klassenlehrerin noch, wie Marvin Joseph anzischte: *„Das passiert dir, wenn du dich mit mir anlegst."* Am nächsten Tag befragte sie ihre Klasse. Kein Schüler hatte den Vorfall gesehen.

Das Vorgehen der Kollegen war fehlerhaft, jedoch auch verständlich. Der Sachverhalt schien ja sonnenklar. Auch war mit einer derartig „maffiösen Struktur" in der Klasse nicht zu rechnen.

Schriftliche Vorbereitung

Damit Ihnen solche Pannen nicht passieren, schlage ich Ihnen **folgende Verfahrensschritte** vor:

✗ Legen sie einen Ordner an, in dem Sie alle erzieherischen Maßnahmen festhalten, von der Sonderarbeit bis zu einem pädagogischen Gespräch.

✗ Noch günstiger ist es, wenn alle Lehrer einer Klasse sämtliche disziplinarischen Maßnahmen, die sie in dieser Klasse getroffen haben, in einem Heft festhalten.

✗ Der Klassenlehrer sollte über jede Maßnahme unterrichtet werden, am besten schriftlich. Stichpunkte tun es da auch.

✗ Bei Maßnahmen, die aus einem ernsteren Anlass erfolgen, sollten Sie umgehend die Eltern und die Schulleitung informieren. Sonst wird Ihnen bei einer Fortsetzung des Fehlverhaltens vorgeworfen, dass dies nur deshalb möglich gewesen sei, weil Sie die Eltern nicht rechtzeitig informiert hätten. Die Schuld für das Fehlverhalten Ihres Schülers liegt nach dieser Argumentation bei Ihnen.

✗ Damit Sie von den Schülern nicht als „Petzer" wahrgenommen werden, sollten Sie diese zu Beginn eines Schuljahres darüber informieren, dass Sie bei erheblichem Fehlverhalten immer auch die Eltern der Schüler benachrichtigen werden.

✗ Falls Sie eine Ordnungsmaßnahme durchführen wollen, verschaffen Sie sich die größtmögliche Sicherheit über den Sachverhalt.

✗ Führen Sie Einzelgespräche mit den Betroffenen und Zeugen. Eventuell sogar gemeinsam mit einem Kollegen. Damit sind Sie in schwierigen Fällen, wenn nachträglich Aussagen bestritten werden, auf der sicheren Seite.

✗ Protokollieren Sie jedes Gespräch, mit Datum, Ort und Zeitdauer.

Schüler leugnen zunehmend Übertritte

Eine Fortbildung mit einem Hauptschulkollegium: Es ging um verbale Konfrontationen. Eine Teilgruppe des Kollegiums simulierte die Klassenkonferenz, ich war ein Übeltäter, der einen Mitschüler lange und beharrlich gemobbt hatte und ihn zuletzt nach einer Kabbelei die Treppe hinuntergestoßen hatte, worauf sich dieser Schüler die Hand angebrochen hatte. Die Rollenvorgabe bestand auch darin, dass mich ein Lehrer dabei beobachtet hatte, der Sachverhalt also klar war. Ich hatte geplant, den reuigen Sünder zu spielen, dem alles furchtbar leid tat, um so die vorher eingeübten Konfrontationsstrategien zu unterlaufen.

Wie in einer echten Klassenkonferenz wurde der Sachverhalt noch einmal vorgetragen. Dann wurde ich aufgefordert, mich zu dem Vorgefallenen zu äußern. *„Ja, das stimmt, ich bin schuld, dass der Marc die Treppe heruntergefallen ist. Und das tut mir sehr leid. Wissen Sie, ich habe ihn ja auch geschubst, nur dass er dann gestürzt ist, das wollte ich wirklich nicht."* Pause. Die Lehrer-

gruppe, die mir gegenübersaß, erstarrte. Längere Pause. *„Wie, du gibst das zu?" – „Ja."*
Darauf unterbrach der Kollege, der den Klassenlehrer spielen sollte, das Training. *„Nein, so geht das nicht. Wir wollen doch realistisch agieren. Einen Schüler, der einfach zugibt, dass er Mist gebaut hat, habe ich lange nicht mehr mitbekommen."* Kopfnicken der Kollegen.

Meine Erfahrungen mit Schülern sind nicht durchgehend so negativ, allerdings habe ich immer wieder erlebt, dass selbst ein Fehlverhalten, das eindeutig ist, geleugnet wird. Bei vielen Schülern hat sich die Haltung verfestigt, dass **Leugnen** vor Strafe schützt und Wahrheit kein Wert ist, der in der Schule eine Rolle spielen sollte. Der handlungsleitende Wert ist in diesen Fällen das unbeeinträchtigte, eigene Wohlbefinden. So musste ich mit Verblüffung miterleben, wie ein Schüler der 10. Klasse, den ich mit einer Wodkaflasche in der Hand, glasigen Augen und einer deutlichen Fahne erwischt hatte, mir lallend mit treuherzigem Augenaufschlag vermitteln wollte, dass er diese Flasche gerade gefunden, keinen Schluck genommen habe und sie gerade im Abfluss entsorgen wolle.

Das systematische Leugnen von Fehlverhalten hängt vermutlich auch mit einem sehr **gering ausgeprägten Schuldbewusstsein** und mit einer **wenig realistischen Selbstwahrnehmung** zusammen. Wer sich aber keiner Schuld bewusst ist, der wird sich heftig gegen jede Sanktion wehren. Besonders wenn das Fehlverhalten nicht definitiv bewiesen werden kann. Auch vor diesem Hintergrund macht das zuvor beschriebene, mühevolle Verfahren einen Sinn.

„Gut" erzogene Schüler stehen oft unter Druck

Das Abstreiten eines offensichtlichen Fehlverhaltens kann auch noch andere Ursachen haben, wenn Eltern nämlich in einem Fehlverhalten eine Katastrophe sehen. Diese Kinder wissen, dass die **Elternreaktion** heftig sein wird. Sie ahnen, dass sie mit Vorwürfen und heftigen Strafen belegt werden. Sie stellen sich schon die Gardinenpredigt vor, die von Begriffen wie Schande, Undankbarkeit, Rücksichtslosigkeit und ähnlichem Vokabular wimmeln wird. Ein Indikator für solchen elterlichen Druck ist folgendes

Verhalten: Im Gespräch mit Ihnen gibt das Kind ein Fehlverhalten zu. Sie eröffnen ihm daraufhin, dass sie auch seine Eltern informieren werden. Das Kind erbleicht. Am Abend rufen Sie die Eltern an. Verblüfft erfahren Sie, dass das Kind den Sachverhalt ganz anders dargestellt habe. Es sei durch Mitschüler gedrängt worden, mitzumachen, beziehungsweise sei sein Anteil an der Übertretung bedeutend geringer, als vom Lehrer dargestellt. Sie sprechen am nächsten Tag mit dem Kind, verweisen auf die unterschiedlichen Aussagen. Das Kind vertritt nun das, was die Eltern am Telefon gesagt haben. Setzt man das Gespräch fort und bleibt ruhig und beharrlich, ringt sich das Kind nicht selten wieder zur ursprünglichen Aussage durch.

Kinder, die so gebeutelt sind, sollte man nicht wegen ihrer Lügen attackieren. Es empfiehlt sich, auch so mit ihnen umzugehen, dass man Sachverhalte eindeutig klärt, sie womöglich auch schriftlich zusammenfasst, damit sie nicht dem Druck der elterlichen Rechtschaffenheit unterliegen.

Natürlich gibt es Eltern – und gar nicht wenige –, die offen mit dem Fehlverhalten ihrer Kinder umgehen, die es begrüßen, wenn die Schule auch das eigene Kind sanktioniert, weil sie darin eine Unterstützung der eigenen Erziehung sehen. Allerdings wehren sich nach meinen Erfahrungen Eltern zunehmend auch gegen begründete, sinnvolle schulische Sanktionen. Im Folgenden einige Erklärungsversuche:

Exkurs: Die „neuen Eltern"

Das oben geschilderte Vorgehen im Fall Marvin hätten Kollegen noch vor einigen Jahren als Zumutung abgelehnt. Dass Eltern ihre Kinder gegen die Sanktionen der Schule mit allen juristischen Mitteln verteidigten, kam eigentlich nicht vor. Sanktionen, die die Schule aussprach, wurden hingenommen. Heute fragen Eltern auf einer Konferenz nach: *„Können Sie beweisen, dass es mein Sohn war, der den Herren getroffen hat? Schließlich haben doch mehrere Kinder aus dem Fenster gespuckt. Mein Sohn sagt jedenfalls, dass er auf den Gehsteig vor dem Herren da gespuckt hat."*

Solcher Unfug wird öffentlich ausgesprochen. Dabei ist noch eine **merk-würdige Paradoxie** zu beobachten: Dieselben Eltern, die jammernd den Verfall schulischer Autorität beklagen, unternehmen einiges, um diesen Verfall voranzutreiben – in hohem Tempo. Wie kann man das Verhalten dieser „neuen Eltern" eigentlich erklären.

Erziehung als Ausdruck der Persönlichkeit.

Bis in die jüngere Gegenwart vollzog sich die **Erziehung** nach einem allgemeingültigen Muster: Kinder sollten allgemein anerkannte Regeln, **Werte und Höflichkeitsformen** verinnerlichen, damit aus ihnen „anständige" Menschen wurden. Erziehung stand im Dienst dieser Vorstellungen, und die Erziehungsmittel waren nicht zimperlich. Geriet ein Kind in Konflikt mit der Schule, wurde dies als Indiz dafür gesehen, dass das Kind vom richtigen Weg abgewichen war und die Eltern im Einvernehmen mit der Schule dafür zu sorgen hatten, dass das Kind wieder zurück auf den „Pfad der Tugend" kam. Diese **autoritären Erziehungsmuster** sollen hier auf keinen Fall beschönigt werden. Sie bedeuteten oft genug die Hinnahme von Ungerechtigkeit und Willkür.

Die **Individualisierung** hat die Haltung gegenüber Traditionen, auch in der Erziehung, grundlegend verändert. Nicht länger gilt: So wie es sich gehört, ist es richtig, sondern: Ich muss und kann entscheiden, wie ich mein Kind erziehe. Das hat viel Gutes gebracht, aber auch viele Probleme.

Die Haltung, dass die Erziehung eines Kindes auf den Entscheidungen und Wünschen des Erziehenden basiert und nicht länger das Erfüllen eines Kanons ist, führt positiv dazu, dass die Erziehung dialogisch verläuft: Eltern lassen sich auf ihr Kind ein, anstatt es nach starren Regeln formen zu wollen. Andererseits vermehrt diese Erziehung Unsicherheiten oder führt sogar zum Rückzug aus der Erziehung selbst.

Für die Schule ergeben sich daraus **zusätzliche Probleme**. Wenn Eltern der Meinung sind, dass Erziehung ihre persönliche Sache sei, werden sie vor diesem Hintergrund entschieden Erziehungsmaßnahmen der Schule ablehnen, die nicht mit ihren Vorstellungen übereinstimmen, und gegebenenfalls auch entsprechend tätig werden.

Strafen als direkter Angriff auf die Erziehungsberechtigten

Eine **Sanktion der Schule** trifft diese Eltern noch auf andere Weise: Da eine Sanktion immer auch Ausdruck der Missbilligung eines Verhaltens ist, sehen sich diese Eltern persönlich angegriffen. Sie haben sich entschieden, ihr Kind auf eine bestimmte Weise zu erziehen. Ihre Art der Erziehung ist somit auch **Ausdruck ihrer Persönlichkeit.** Und wer ihr Kind angreift, denn diese Eltern sehen jede Sanktion auch als Angriff, greift ihre Erziehung, ihre Entscheidungen und damit sie persönlich an. Ihnen stellt sich dann die Frage:

„Woher nimmt sich die Schule das Recht, meinem Kind Verhaltensfehler vorzuwerfen, es sogar noch zu bestrafen? Das bleibt uns, den Eltern, vorbehalten. Oder meint die Schule etwa, es besser machen zu können als wir? Das ist doch eine Unverschämtheit. Das lassen wir uns nicht bieten. Die kennen unser Kind doch gar nicht. Die haben kein Verständnis.“

Solche Eltern werden gegen die Schule klagen, wenn sie eine Chance sehen. Und manchmal sogar, wenn sie keine Chance sehen. Es gibt ja den Rechtsschutz.

Was hier karikierend und ein bisschen übertrieben dargestellt wird, hat einen wahren Kern. Kritik am Verhalten des eigenen Kindes wird hoch empfindlich wahrgenommen als **Kritik an den Eltern**. Viele der neuen Eltern unterliegen immer noch dem Trugschluss, an die Allmacht der Erziehung zu glauben. Jedes Fehlverhalten des Kindes ist demnach kausal auf einen Erziehungsfehler zurückzuführen. Den aber lässt man sich nicht nachsagen.

Hier kann es helfen, wenn man den Eltern vermittelt, dass eine Sanktion nichts Ehrenrühriges ist, dass man als Lehrer nicht die **elterliche Erziehungskompetenz** anzweifeln oder sie kritisieren will, dass man mit einer Sanktion auch kein negatives Urteil über den **Charakter eines Kindes** abgibt, sondern dass es in erster Linie darum geht, ein Fehlverhalten abzustellen.

Strafen als Angriff auf persönliche Nähe

Richard Sennett beschreibt in seinem Buch „Verfall und Ende des öffentlichen Lebens. Die Tyrannei der Intimität"[9] eine Entwicklung im politischen Bereich, die auch sehr gut auf die Schule bezogen werden kann. Ernüchtert durch die Macht der Institutionen und durch die eigene Machtlosigkeit, entziehen sich moderne Menschen zunehmend dem scheinbar aussichtslosen Kampf um die Verbesserung von Strukturen, sondern setzen diesem das Streben nach **zwischenmenschlicher Nähe** entgegen. Was menschlich nah ist, ist gut – so das neue Kredo. *Sennett* entlarvt diese Haltung als **Fluchtbewegung**, die sich einer rationalen Bewältigung von Problemen entzieht. So wird der Politiker gewählt, der besonders sympathisch wirkt und Wärme ausstrahlt, der am glaubwürdigsten gute Absichten vermitteln kann, und nicht der, der das klarste und beste Programm hat. Die Kategorie der Nähe gilt als Versprechen auf eine bessere Welt. Der Gegenbegriff ist **Kälte**. Kälte ist ein Synonym für Herzlosigkeit und Unmenschlichkeit. Sie wird mit Vorliebe Institutionen zugeschrieben.

Es gibt gerade im Bereich der Pädagogik Ansätze, die diesen Unsinn fortführen. Ein gutes Verhältnis zu Schülern basiert nicht auf einer Nähe, die

---

[7] Richard Sennett: Verfall und Ende des öffentlichen Lebens.
Die Tyrannei der Intimität. Fischer Taschenbuch Verlag, 1986.

die strukturellen Unterschiede von Lehrer- und Schülerrolle kaschiert. Zur Lehrerrolle gehört auch **Distanz**. Erziehung ist nicht gefällig sein, Engagement in der Klasse ist nicht Unterwürfigkeit.

Sanktioniert ein Lehrer einen Schüler, widerspricht das dem gesellschaftlich verbreiteten **Wunsch nach Nähe**. Folgerichtig verteidigen Eltern dann ihre Kinder gegen die **kalte Schulwelt** – mit Wärme. Auch wenn es ihrem Kind schadet.

Die Furcht, dass Strafen die Karriereplanung gefährden

Die Bewertung der Schule heute durch Eltern zeigt einen **typischen Widerspruch**: Zum einen hat sie an Autorität verloren. Die Kompetenz von Lehrern wird angezweifelt. Schulnoten und schulische Sanktionen werden nicht mehr als Entscheidungen einer Autorität hingenommen, sondern angezweifelt, gelegentlich auch abgewehrt. Zum anderen ist die Bedeutung der Schule gewachsen. Die Eltern wissen sehr genau, dass die Schule **Sozialchancen** verteilt und sehr frühzeitig die Weichen für die Lebensplanung stellt. Die **Noten** spielen eine immer größere Rolle. Das Abitur selbst reicht eben nicht mehr aus zur Zulassung für attraktive Studiengänge, sondern nur ein Abitur mit  einem guten Schnitt. Das Wissen, dass Schule in zunehmendem Maße die Chancen ihrer Kinder bestimmt, lässt viele Eltern das Agieren der Schule mit Argusaugen beobachten, besonders wenn es die Karriereplanung beeinträchtigen kann.

Hinzu kommt, dass bei vielen Eltern und Schülern immer noch merkwürdige Vorstellungen über Schulstrafen bestehen, wie der Gedanke, dass drei Tadel automatisch zur Entlassung von der Schule führten. Weiterhin spielt hier auch eine Rolle, dass auch von Lehrerseite nicht immer sorgfältig zwischen **Leistungsbewertung** und **Reaktionen auf soziales Fehlverhalten** getrennt wird.

Diese Vorstellungen führen nicht nur zu der paradoxen Haltung, gleichzeitig die Autorität der Schule anzuzweifeln und sie im Gegenzug zu postulieren, sondern auch zu einer merkwürdigen Haltung gegenüber Sanktionen: Auf Pflegschaftsabenden wird verlangt, dass die Schule ihre Autorität wahrt und gegenüber Störenfrieden auch durchsetzt. Die Eltern zeigen sich höchst erfreut, wenn man **klare Sanktionen** ankündigt. Sie werden sogar regelmäßig gefordert. Die Kritik an Klassenleitungen wegen eines mangelhaften Durchgreifens ist schon als Stereotyp zu bezeichnen. Diese Haltung kippt, sobald das eigene Kind gemeint ist. Da sind Sanktionen übertrieben, da reicht ein strenges Wort, da ist ein „Spaß" überbewertet worden, da fehlt den Lehrern das Verständnis für Kinder oder Jugendliche.

Die Darstellung einer Kollegin veranschaulicht dieses Paradox:
*„Ich hatte meine Pflegschaftsvorsitzende angerufen, um ihr mitzuteilen, dass ich sieben Schüler meiner Klasse tadeln würde und von ihnen verlangen würde, am Nachmittag zusätzlich zu erscheinen, weil sie gezielt zu spät zum Unterricht eines Referendars erschienen waren, der in der besagten Stunde seine bevorstehende Examensstunde vorbereiten wollte. Auch das war den Schülern bekannt, die nicht nur provokativ unpünktlich waren, sondern auf die Ankündigung, dass ihre absichtlichen Verspätungen mir gemeldet würden, mit lauten Protesten und Drohungen reagierten, die sich bis an das Stundenende hinzogen, sodass der Referendar weit davon entfernt war, das Stundenziel zu erreichen. Die gewählte Elternvertreterin stimmte den vorgeschlagenen Maßnahmen zu, zweifelte jedoch, ob sie wirklich ausreichten, da die Schüler ja in vollem Wissen um die Folgen ihres Tuns verantwortungslos gegenüber dem Referendar gehandelt hätten. Das bis dahin einvernehmliche Gespräch kippte, als ich der Pflegschaftsvorsitzenden mitteilte, dass auch ihr Sohn zu den Verspäteten zählte. Nach einer kurzen Pause, in der sie offensichtlich nach Luft schnappen musste, redete sie fast eine Stunde auf mich ein. Danach hatte sie die Kehrtwende erfolgreich abgeschlossen. Der Referendar hätte durch seinen schlechten Unterricht diese Reaktion provoziert. Man könne doch Schüler nicht strafen, weil bestimmte junge Lehrkräfte inkompetent seien.
Da ich standhaft blieb, wechselte sie die Strategie: Ihr Sohn, das wisse ich sehr genau, sei doch höchstens durch seine Freunde gezwungen worden, mitzumachen. Ich müsste hier doch erst einmal erkennen, wer Anstifter und wer Mitläufer gewesen sei, und dann entsprechend differenziert vorgehen. Ich verkniff mir den Hinweis, dass ich gerade ihren Sohn für einen der Initiatoren dieser Aktion hielt, und behielt die geplanten Strafen für alle bei. Das Verhältnis hat seitdem gelitten."*

Trotz dieser widersprüchlichen Haltungen kann man Eltern verstehen, die Angst um die Karriere ihrer Kinder haben und sich deshalb gegen alles und jeden wehren, in dem sie eine Beeinträchtigung von Zukunftschancen sehen. Um diesen Widerständen und den Ängsten auf Elternseite entgegenzuarbeiten, macht eine **Aufklärung über die Funktion von Schulstrafen** Sinn. Sie sollen auf keinen Fall dazu dienen, eine Entlassung von der Schule vorzubereiten oder gar ein Anlass für eine schlechtere Bewertung sein.

Ein gefoppter Arrestant. Holzstich um 1885, nach einem Gemälde von F. Sonderland

7

Falsches Strafen

Der zu beobachtende Widerstand von Eltern gegen schulische Sanktionen – zumindest was die Sanktionen gegen die eigenen Kinder betrifft – hat auch seine Wurzeln in einer Praxis, die unsinnig und sogar schikanös ist.

Um es noch einmal zu wiederholen: Strafen sollen **mehrere Effekte** hervorrufen. Die Werte und Normen, gegen die verstoßen wurde, sollen nachhaltig bewusst gemacht werden. Das Fehlverhalten, das die Ursache der Strafe bildet, soll nicht wieder auftreten, auch nicht in ähnlicher Form. Die anderen Schüler sollen beeinflusst werden, sich an die Regeln der Schule zu halten, und die Institution Schule soll so ihre Aufgaben erfüllen können.

Es gibt jedoch Strafen, die diesen positiven Effekten entgegenwirken – und zwar heftig. Zur Abschreckung und zur Vermeidung ähnlicher Fehler seien einige hier aufgeführt:

Unsinnige Maßnahmen aus der Literatur

Im Jahr 2006 erschien ein **Ratgeber für Lehrer**.[10] Die Autoren Barbara Jalarz und Georg Bemmerlein stellen hier Sanktionen für Lehrer vor. Um es vorwegzunehmen: Dieser Ratgeber enthält auch positive Vorschläge für Sonderaufgaben, die Schüler zum Nachdenken über ihr Fehlverhalten oder zum Verständnis von Regeln führen können. Doch bereits der Untertitel, der „Originelle Zusatzaufgaben bei Regelverstößen" für sich reklamiert, lässt Ungutes ahnen. Diese Ahnung wird bei näherem Hinsehen zur Gewissheit: Zu **Verspätungen im Unterricht** werden zum Beispiel folgende Aufgaben gestellt, die in Form einer Kopiervorlage vorliegen:

„Schreibe zu den folgenden Schlagzeilen Zeitungsberichte.

✗ Als die Feuerwehr endlich kam, war es zu spät.

✗ Schwerer Unfall: Warum kam der Notarzt zu spät?

✗ Banküberfall gelungen – Die Polizei kam erst später."

Die zu schreibenden Aufsätze – gleich drei Aufsätze für ein einmaliges Zuspätkommen? – vermitteln keineswegs den **Wert schulischer Pünktlichkeit**. Das weiß jeder Schüler der Sekundarstufe I, für den diese Aufgaben

---

[10] Barabera Jalarz, Georg Bemmerlein: Bußgeldkatalog. 68 originelle Zusatzaufgaben bei Regelverstößen. Persen, 2007.

entwickelt wurden. Denn: Wenn der Notarzt zu spät zum Unfallort kommt, stirbt ein Mensch. Ein Aufsatz mit diesem Thema wird von einem Schüler als Schikane wahrgenommen, nicht als Versuch, den Schüler zur Pünktlichkeit zu bewegen. Und die Haltung gegenüber einem Lehrer, der mit einer scheinbar humorvollen Geste solche Aufgaben verteilt, wird ablehnend sein – im besten Falle.

Wenn diese Maßnahme Erfolg haben sollte, dann nur, weil man das **Schreiben unsinniger Texte** vermeiden möchte. Die Autoren scheinen davon eine Ahnung zu haben. Formulieren sie doch in ihrem Vorwort: „Für die Wirkung der Zusatzaufgaben ist es wichtig, dass die Schüler wissen, dass sie diese Kopiervorlagen besitzen und auch konsequent einsetzen."[11]

Hat der verspätete Notarzt noch einen Hauch von Zusammenhang mit dem realen Regelverstoß, geht dieser den Autoren im Verlauf des Ratgebers wiederholt vollkommen verloren:

„Zusatzaufgabe: *Werfen von Gegenständen im Unterricht*
✗ Male für eine neue Fluggesellschaft ein Musterflugzeug in auffälligen Farben und mit einem von dir entworfenen Firmenzeichen."[12]
Könnte diese Strafe eventuell noch über Eselsbrücken mit dem Fehlverhalten in Relation gesetzt werden – beim Werfen fliegt etwas durch die Luft wie ein Flugzeug –, bricht dieser Zusammenhang vollkommen bei der nachfolgenden Schreibaufgabe zusammen:
✗ „Nenne sechs Verhaltensregeln, die man als Passagier in einem Flugzug einhalten sollte."

Humor in der Schule ist eine großartige Sache. Aber Sanktionen, die ein Fehlverhalten beenden sollen, und Humor passen nicht zusammen. Ist der Anlass wirklich komisch, ist in der Regel eine Sanktion überflüssig. Ein Schüler, der bestraft wird, kann über eine Strafe nicht wirklich lachen, oder die Strafe selbst ist lächerlich. Wird die Sanktionsmacht kichernd ausgespielt, gerinnt das lustig Gemeinte zu einem Witz auf Kosten des Schwächeren.

Zusatzaufgaben, die zur schriftlichen Auseinandersetzung mit einem Fehlverhalten auffordern, sollten sich immer auf dieses Verhalten beziehen.

---

[11] Ebenda, S. 4.
[12] Ebenda, S. 4.

Sonst werden sie als unsinniger Dressurversuch abgelehnt oder konterkariert. Meine 12-Jährige Tochter antwortete auf meine Frage, was sie denn schreiben würde, wenn ich als Strafe die Flugpassagieraufgabe stellen würde: *„Unsinn, ich würde nichts als Unsinn schreiben. Um dich zu ärgern."*

Maßnahmen, die nichts als Arbeit mit sich bringen

Eigentlich ist es positiv, wenn man Schüler dazu bringt, den verursachten Schaden selbst zu beseitigen. Nur sollte man vorher genau wissen, ob die handwerklichen Kenntnisse und Fähigkeiten der Schüler dafür ausreichen. Das hatte ich nicht bedacht und musste den Schaden ertragen.

Mehrere Schülerinnen meiner damaligen 9. Klasse hatten es sich nicht nehmen lassen, die frisch gestrichene Toilette mit Sprüchen und „schweinischen" Bildchen zu verzieren, die sie mit Hilfe von wasserfesten Stiften zu verewigen suchten. Erste Versuche des Hausmeisters, den vorherigen Zustand wiederherzustellen, scheiterten. Die Schrift war noch lesbar, aber dafür wies die vorher weiße Wand, je nach gewähltem Stift, schwarze, grüne und rote Wölkchen auf. In Absprache mit dem Schulleiter beschloss ich, dass die betreffenden Schülerinnen in Eigenarbeit die Wand wieder in den vorherigen Zustand versetzen sollten.

Das schien mir damals vernünftig zu sein. Die Schüler sollten mit der **Mühe eigener Arbeit** den von ihnen verursachten Schaden wiedergutmachen. Schaden und Strafe standen in direktem Zusammenhang. Doch die Praxis entwickelte sich anders.
Zunächst gab es endlosen Streit, wann die Renovierung durchzuführen sei. Den beendete ich mit einem Machtwort. Am Samstagnachmittag rückten die Malerinnen mit den notwendigen Utensilien an. Und ich musste auch erscheinen, weil ich die Schule aufschließen musste. Und mein Schulleiter hatte mich gebeten, zumindest in der Nähe zu bleiben, damit die Schülerinnen sich nicht unbeaufsichtigt in der Schule aufhielten. Die Arbeit dauerte länger, als ich erwartet hatte. Ich war die ganze Zeit in der Schule. Am Samstag – während die Bundesliga spielte.

Als ich das Werk am Abend begutachtete, fiel ich aus allen Wolken. Die Mädchen waren offensichtlich keine Heimwerkerinnen. Sie hatten den

Boden nicht abgedeckt, der jetzt mit schon trockenen, dicken weißen Farbklecksen gesprenkelt war. Lösungsmittel zum Reinigen des Bodens hatten sie nicht mitgebracht. In einer Kabine war die Farbe so dick aufgetragen worden, dass sich Lacktränen gebildet hatten. Was ich nicht bemerkt hatte, war, dass die Schülerinnen eine Wand nicht mit Lackfarbe, sondern mit Tapetenfarbe gestrichen hatten. Nacharbeit stand an. Am nächsten Wochenende war ich wieder in der Schule. Und weil die Schülerinnen die Farbe diesmal so dick aufgetragen hatten, dass sie Blasen warf, war ein erneutes Nacharbeiten nötig geworden.

Dieser Erlebnisbericht soll Sie warnen: Wenn Sie eine Strafe aussprechen, in der die Schüler durch **zusätzliche Arbeiten** von ihnen verursachte Schäden beseitigen, achten Sie darauf, dass die Schüler die entsprechenden Fähigkeiten und Kenntnisse besitzen und dass die **Arbeitsbelastung** für Sie erträglich ist. Sonst werden Sie das Funktionieren der Schule gefährden – wegen Überlastung des Lehrkörpers.

Wut zeigen und moralisieren

Damit ich nicht missverstanden werde: Auch Lehrer dürfen wütend sein. Nur empfiehlt es sich nicht, aus einer **Wut wegen eines Fehlverhaltens** heraus zu strafen, so berechtigt diese Wut auch sein mag. Wütende Lehrer schüchtern ein oder rufen Widerstand hervor, je nach Temperament der beteiligten Persönlichkeiten. Eine Strafe, die spontan und in Wut verhängt wird, kann selten gerecht und angemessen sein. Das werden auch die Schüler empfinden, die sich dann einer Strafe unterwerfen, aber aus Angst, nicht etwa aus Einsicht.

Wenn Sie Wut über ein Fehlverhalten empfinden, können Sie diese auch zeigen, aber reagieren sie nicht unkontrolliert.

Zeigen Sie dem Schüler an, dass Sie sein Fehlverhalten bestrafen werden, allerdings nicht sofort: *„Dazu bin ich im Moment viel zu ärgerlich. Ich könnte dich jetzt nicht gerecht behandeln. Nach der Stunde werden wir uns unterhalten."*

Lehrer sollten nicht auf Augenhöhe mit ihren Schülern agieren. Pädagogisches Handeln verlangt eine gewisse **Souveränität** und **Distanz**. Eine Strafe wird eher akzeptiert, wenn der Lehrer souverän agiert.

Das bedeutet auch, dass er auf **überflüssige Belehrungen** verzichtet. Eine moralische Haltung entsteht nicht dadurch, dass dem Gegenüber Vorhaltungen über seine Verfehlungen gepredigt werden. Vermeiden Sie deshalb die großen Beurteilungen wie: *„Ich verstehe nicht, wie ihr so verantwortungslos und rücksichtslos handeln konntet. Ich schäme mich für euer Verhalten."* Kinder und Jugendliche, die andere Werte oder weniger Werte als Sie verinnerlicht haben, werden Sie so nicht erreichen. Beschreiben Sie stattdessen, weshalb Sie sich zu einer Sanktion entschlossen haben. Hier sollten Sie auch den Wert nennen, auf den Sie sich beziehen (*„Mir ist es wichtig, dass jeder in meiner Klasse als Person Respekt erfährt"*), aber setzen sie den Wert nicht als moralische Keule ein (*„Wer andere nicht respektiert, hat keinen Anstand. Er ist es nicht wert, dass man ihm Respekt gibt"*).

Strafen bei jeder Kleinigkeit

Wenn ein Lehrer sich dazu entschließt, jedes **unerwünschte Verhalten** zu strafen, wird er nur noch Sanktionen aussprechen und nicht mehr unterrichten. Um das zu vermeiden, sollte zunächst gründlich überlegt werden, welche **Regeln** man aufstellt. Setzt man die Regel, dass während des Unterrichts keine Privatgespräche gestattet sind, müsste man ständig sanktionieren, wollte man, dass aufgestellte Regeln beachtet werden. Das heißt im Umkehrschluss nicht, dass ein Lehrer im Unterricht Privatgespräche ignorieren sollte. Um diese zu unterbinden, genügt günstigenfalls ein Blickkontakt. Reagieren Sie auf Störungen und unerwünschtes Verhalten möglichst umgehend. Damit zeigen Sie Ihrer Klasse, dass Sie sie wachsam wahrnehmen.

Über Kleinigkeiten kann man getrost einmal hinwegsehen. Ein Lehrer, der eine Hausaufgabe noch einmal anfertigen lässt, weil ein Schüler einmal über den Rand geschrieben hat, macht Angst. Wenn Sie nur aus einem nachvollziehbaren Anlass strafen, gewinnen die Schüler Verhaltenssicherheit und lernen durch ihre klares Verhalten **eigene Grenzen** kennen.

Großzügigkeit zahlt sich aus, solange sie nicht in Gleichgültigkeit umschlägt. Diese feine Trennungslinie allerdings muss jeder selber ziehen.

Strafen durch schlechte Noten

Bestrafung durch schlechte Noten steht im **Gegensatz zum Schulgesetz**. Die Aussagen, dass Störungen Synonyme für nicht erbrachte mündliche Leistungen seien, ist juristisch ebenfalls nicht haltbar. Trotzdem ist diese Praxis verbreiteter als angenommen. Ein typisches Muster dafür stellte mir auf einer Fortbildung ein Kollege vor, der sehr stolz darauf war, in seinem Oberstufenkurs weitgehende Pünktlichkeit durchgesetzt zu haben: *„Wenn ein Schüler in meinen Stunden zu spät kommt, weiß er, was ihn erwartet. Er muss an die Tafel. Dann lasse ich ihn wiederholen, was gerade gesagt wurde."* – *„Aber das kann er doch gar nicht"*, wandte ich ein. – *„Genau, und damit hat er schon die erste Fehlleistung erbracht. Die bewerte ich dann. Und dann lasse ich ihn Stoff aus der letzten Stunde wiederholen, bis er sich die nächste Fehlleistung einfängt."* – *„Und wenn er das kann?"* – *„Kein Problem, ich frage ihn so, dass er Fehler machen muss. Das schaffe ich immer. Auf diese Weise habe ich meinen Kurs zur Pünktlichkeit erzogen"*, lächelte der Machiavelli selbstzufrieden.

Selbst wenn der Kollege mit dieser Masche bislang nicht auf Widerstand gestoßen ist, ist sie nicht nur juristisch, sondern auch pädagogisch bedenklich. Jeder Oberstufenschüler durchschaut ja das Spiel, das dort veranstaltet wird. Jeder weiß, dass es nicht um Leistung, sondern um **Pünktlichkeit** geht und dass die **angeblichen Fehlleistungen** gezielt herbeigeführt werden, um das angestrebte Wohlverhalten zu erzeugen. Das ist nicht humorvoll, nicht witzig. Das ist ein **Machtmissbrauch**, der im Grunde eine große Hilflosigkeit verrät.

Strafen, um das Prestige zu wahren

In meinem Anfangsjahr als Lehrer musste ich eine sehr schwierige 9. Klasse übernehmen, in der ich lange einen schlechten Stand hatte. Immer wieder gab es Störungen, immer wieder wurden die Hausaufgaben vergessen

oder hingeschludert. Deshalb kündigte ich an: *„Zur nächsten Stunde inter-pretiert ihr das Gedicht ‚Hälfte des Lebens‘. Ihr habt zwei Tage Zeit. Ich möchte eine sorgfältige und gründliche Hausaufgabe sehen. Jeder, der mehr als fünf Rechtschreibfehler pro Seite macht, muss die Hausaufgabe noch ein-mal abschreiben. Und zwar fehlerfrei. Jede Hausarbeit, die kürzer als drei Sei-ten ist, in normaler Handschrift, muss noch einmal angefertigt werden.“*
Mit diesem peinlichen Versuch wollte ich meine Autorität in der Klasse erhöhen. Der Versuch scheiterte.

In der ersten Reihe saß Michael. Ein liebenswerter, fleißiger Schüler, der sich immer bemühte und dessen Rechtschreibfähigkeiten sich an der Gren-ze zur Legasthenie bewegten. Michael hatte sich sehr angestrengt und auf über fünf Heftseiten versucht, Hölderlins Gedicht einen Sinn abzugewin-nen, leider mit mehr Fehlern, als ich zugelassen hatte. *„Ich habe mir wirklich Mühe gegeben. Ich kann das halt nicht besser.“* Michael warf mir ei-nen flehenden Blick zu. Und ich hatte Sorge um mein Prestige. Wenn ich jetzt hinter meine Ankündigung zurückfiele, würde ich meine Glaubwür-digkeit verlieren. Also sagte ich mit fester Stimme, innerlich allerdings sehr unsicher: *„Es tut mir leid, du musst alles noch einmal abschreiben.“* Michael sank in sich zusammen, aus der Klasse scholl mir unwilliges Gemurmel ent-gegen. Die Klassensprecherin, die mir sonst freundlich begegnete, warf mir einen giftigen Blick zu. Das brachte mich zur Besinnung: *„Ich glaube, ich habe Mist gebaut. Die fünf Fehler pro Seite, die ich als Höchstgrenze gesetzt habe, sollten eigentlich dafür sorgen, dass ihr ordentlicher arbeitet. Das hat Mi-chael aber gemacht. Wenn ich jetzt bestrafe, dann bestrafe ich ihn eben nicht, weil er zu Hause gepfuscht hat, sondern weil er Probleme mit der Rechtschrei-bung hat. – Also, Michael, entschuldige, du musst die fünf Seiten nicht noch ein-mal schreiben.“* Es wäre gelogen, zu sagen, dass damit in der Klasse alles bes-ser geworden wäre, aber ich hatte ganz sicher nicht an Prestige verloren.

Leider verwenden immer noch Kollegen **Drohungen,** um Schüler auf den Pfad der Tugend zurückzuführen. Drohungen müssen im Ernstfall realisiert werden, will man nicht – wie es die Chinesen sagen – als „zahnloser Tiger“ gelten. Eine Drohung beschreibt immer eine **Wenn-dann-Relation.** Der Lehrer, der sie ausspricht, wird zum Opfer seiner eigenen Ankündigung: *„Wer das nächste Mal in die Klasse ruft, muss ein Protokoll anfertigen.“* Kurz darauf klemmt sich ein Schüler den Finger. Er ruft vernehmbar: *„Aua.“*

Jeder kann sich die Debatten ausmalen, die entstehen, wenn dieser Schüler ein Protokoll schreiben muss. Reagiert der Lehrer aber nicht, kann er sicher sein, dass weitere Schmerzenslaute und Zwischenrufe folgen werden.

Strafen als Ersatz für pädagogisches Handeln

Ein Lehrer, der **Störungen im Unterricht** vermeiden will, sollte zunächst selbst nicht stören. Doch, auch Lehrer stören den Unterricht: durch Dazwischenreden, fehlerhafte Unterrichtsorganisation, immer gleiche Arbeitsabläufe, demotivierende Texte, Privatgespräche mit Einzelnen während der Gruppenarbeit usw. Schlechter Unterricht schafft **Unruhe.** Und wenn Lehrer demonstrativ lustlos arbeiten, nach dem Motto: *„Ich habe heute keinen Bock"*, demotiviert das ihre Schüler. Aber auch **fehlender Kontakt zur Klasse**, die geringe Bereitschaft, sich mit anderen als unterrichtlichen Problemen der Schüler auseinanderzusetzen, **provoziert Regelverstöße.** Ein Unterricht, der sich auf Fehlersuche bei Schülern konzentriert, statt vornehmlich Positives herauszustellen, führt ebenfalls nicht zu erhöhter Leistungsbereitschaft.

Es ist merkwürdig, wie viele Lehrer und Chefs der irrigen Ansicht anhängen, dass **Bevormundungen und Dauerkritik** die Motivation ihrer Schüler beziehungsweise Mitarbeiter fördern könnten. Lehrer, die dauernd die Fehlleistung ihrer Schüler beklagen, sollten realisieren, dass die Fehlleistungen zunächst nur Ausdruck dafür sind, dass der **gemeinsame Lernprozess** gescheitert ist, dass es dem Lehrer nicht gelungen ist, seiner Klasse bestimmte Inhalte und Kompetenzen erfolgreich zu vermitteln. Das bedeutet übrigens nicht, dass Fehlleistungen in erster Linie auf den Lehrenden zurückgeführt werden können. Manchmal aber schon.

Man kann diese Überlegungen so zusammenfassen:

Je besser der Unterricht ist – und das beschränkt sich hier nicht auf die bloße Wissensvermittlung –, **je positiver die Schulatmosphäre ist, desto weniger ergibt sich die Notwendigkeit von Sanktionen, identische Lerngruppen vorausgesetzt.**

Es gibt den leider gar nicht so seltenen Typus eines schlechten Lehrers, der fehlende Kompetenz durch Straflust ersetzt. Die Strafen erfolgen über die **Notengebung** oder über ein Trommelfeuer sonstiger Sanktionen (*„Diese Typen reagieren nur auf Strenge. Wenn man denen den kleinen Finger reicht, nehmen die nicht nur die ganze Hand, sondern auch noch den ganzen Arm"*). Wenn aber Strafen **pädagogisches Handeln** ersetzen, befindet sich dieser Lehrer bald in einem **Dauerkrieg mit seinen Klassen**. Keiner mag ihn, dafür mag er auch keinen. Magengeschwüre, Elterneinsprüche und Nervenzusammenbrüche lassen nicht lange auf sich warten. Schüler, die solchen Kollegen ausgesetzt sind, sehen dann in jeder Strafe, sei sie auch noch so berechtigt, eine Schikane. Und dann verhalten sie sich entsprechend. Deshalb muss sie dieser Kollege noch härter anpacken.

Demütigungen, Bloßstellen

Im Hinblick auf die rechtlichen Grundlagen der Schulstrafen wurde schon darauf hingewiesen, dass Demütigungen als Sanktionen **gesetzwidrig** sind. Demütigende Sanktionen selbst sind, wenn sie als solche offen ausgesprochen werden, klar festzustellen. Wenn ein Schüler zum Beispiel 100-mal schreiben muss: *„Ich darf im Unterricht nicht wie ein Schwein quieken"*, hat eine Beschwerde im Regelfall Erfolg.

Ein Großteil der Demütigungen in der Schule ist jedoch nur schwer nachzuweisen. Wenn ein Lehrer einen Schüler an der Tafel lächerlich macht, um seine Macht zu demonstrieren und andere Schüler der Klasse einzuschüchtern, bleibt das für ihn im Regelfall folgenlos. Bei Beschwerden durch Eltern kann er sich mühelos auf die Standardformulierungen zurückziehen: *„Das ist völlig aus dem Zusammenhang gerissen." „So habe ich das nicht gesagt." „Das ist bei Ihnen oder bei Ihrem Kind völlig falsch angekommen." „Mit Jugendlichen muss man anders sprechen." „Da bin ich missverstanden worden."*

Aber solche Verhaltensweisen wirken auf die Klassen zurück. Bei klugen und bei empathisch fühlenden Schülern verliert solch ein Lehrer an **Ansehen**. Für die gesamte Klasse gibt dieser Lehrer aber auch das **Verhaltensmuster** vor: Wer eine Schwäche zeigt, kann fertiggemacht werden.

Gerade auf Grund meiner Erfahrungen im Bereich schulischen Mobbings bin ich mir sicher, dass viele Übergriffe von Schülern auf Schüler durch diese „Vorbilder" initiiert werden. Diese Schüler greifen dann auch Lehrer gnadenlos an, bei denen sie Schwächen vermuten, und demütigen sie.

Die **alltäglichen Demütigungen** sind keine offiziellen und auch nicht wirksamen Strafen, sondern Handlungsweisen, die Schul- und Klassenklima negativ beeinflussen und neue Strafanlässe produzieren.

Einträge ins Klassenbuch

Dieses häufig verwendete Straf- und Disziplinierungsmittel habe ich mir für den Schluss der **fehlerhaften Strafpraktiken** aufgespart. Klassenbucheintragungen erfolgen in der Regel bei Unterrichtsstörungen und weniger gravierenden Vorfällen. Zunächst ist vielen Kollegen nicht bewusst, dass Klassenbucheintragungen rechtlich nicht gestattet oder nur mit Einschränkungen möglich sind, weil sie dem Gedanken des **Datenschutzes** widersprechen. Ein Klassenbuch ist auch Unbeteiligten zugänglich – mir zum Beispiel.

Nach einer Unterrichtsprobe musste ich noch auf Referendar und Fachlehrer warten. Da es sich um eine Fünf-Minuten-Pause handelte, war die Klasse im Raum geblieben. Neben mir lag das aufgeschlagene Klassenbuch, in das der Fachlehrer gerade noch etwas eingetragen hatte. Mein Blick fiel auf die Spalte „sonstige Vorkommnisse". Allein für diese Woche gab es drei Eintragungen. Ich blätterte zurück. Nur in den ersten beiden Wochen blieben diese Spalten leer. „Klasse, ne?", grinste mich ein Schüler an. „Wir machen einen Wettbewerb. Wer den 100-sten Eintrag schafft, kriegt von jedem aus der Klasse einen Euro. Das Geld haben wir schon eingesammelt. Bald ist die Auszahlung." Ein anderer Schüler stellte sich daneben: „Und dann prämieren wir zum Abschluss des Schuljahres den witzigsten Eintrag. Wollen Sie mal meinen Favoriten sehen?" Ich nickte, der Schüler blätterte ein bisschen, und dann las ich: „Oliver Vogel r.z.d.d.K." – „Was soll denn das heißen?" – „Ist doch ganz einfach: Oliver Vogel rennt ziellos durch die Klasse. Ist doch lustig." Fand ich auch. Übrigens, mein Favorit war: „Hudak baut eine Pyramide aus Stühlen und singt die Nationalhymne."

Eigentlich ist dieser harmlose Unsinn zum Lachen. Aber nicht ganz. Wenn Klassenbucheintragungen so aufgenommen werden, machen sie den Sanktionierenden lächerlich, nicht den Sanktionierten. Wenn Lehrer als lächerlich, nicht als lustig, wahrgenommen werden, ist das ein großes Problem.

Wie ist es möglich, dass Klassenbucheintragungen so wenig wirksam sein können? Wenn Schüler am Anfang ihrer Laufbahn eingetragen werden, erschrecken sie. Wenn sie aber nach einiger Zeit erfahren, dass diese Eintragungen **folgenlos** bleiben, reagieren sie gleichgültig oder sogar belustigt auf diese Strafe. Denn diese erschöpft sich im Akt des Eintragens. Damit kann jeder Schüler bequem umgehen.

Wenn Klassenbucheintragungen so organisiert werden, dass sie den Anforderungen des Datenschutzes genügen – also in ein separates Heft eingetragen werden, das der Klassenlehrer verwahrt – können sie unter bestimmten Umständen eine **wirkungsvolle Sanktion** sein. Wenn Schüler wissen, dass die Eltern über Klassenbucheintragungen unmittelbar informiert werden – das macht Lehrern Mühe und kostet Zeit – oder wenn zu den Elternsprechtagen oder den Zeugnissen den Eltern Kopien der Einträge ausgehändigt werden – das macht auch Mühe, aber weniger –, dann werden diese sonst folgenlosen Sanktionen gewichtig. Sie können erheblichen Ärger bedeuten. Deshalb wird man Eintragungen vermeiden wollen, zur Not auch durch Wohlverhalten. Erhielten die betroffenen Eltern inhaltsgetreue Kopien der Eintragungen, würden auch viele Kollegen erhöhten Wert auf das legen, was sie dort schreiben.

8

Wann und wie ist zu strafen?

Wann ist zu strafen?

Es ist unmöglich, für die unterschiedlichsten Schulen und Schulformen verbindlich festzulegen, wann eine Sanktion notwendig wird. Man kann sich
mit der Faustregel begnügen, dass jede Übertretung aufgestellter Regeln zu
sanktionieren sei. Diese Faustregel macht jedoch nur Sinn, wenn die Regeln
vernünftig, klar und sanktionierbar sind. Aber Vorsicht: Wenn Sie so verfahren, engen Sie Ihren Handlungsspielraum ein. Und nochmals Vorsicht:
Abweichen von einer Regelung kann immer als Willkür ausgelegt werden.
Dieser **Balanceakt** zwischen individueller Auslegung und Anpassung an allgemeine Regeln wird Ihnen grundsätzlich nicht erspart bleiben. Eine andere
Möglichkeit, die Notwendigkeit einer Sanktion zu definieren, besteht in der
ebenfalls sehr allgemeinen Formel: Eine Strafe ist dann unumgänglich,
wenn andere pädagogische Mittel nicht ausreichen, um ein Fehlverhalten
zu verhindern. Diese Formulierung bezieht sich besonders auf die Fälle, in
denen Schüler trotz einer Ermahnung ein Fehlverhalten fortsetzten.

Ohne diese ersten Erklärungen beiseite schieben zu wollen – sie haben ihre
Berechtigung und geben Orientierungen im Alltag –, möchte ich hier die
Wertediskussion noch einmal aufnehmen. Demnach wären all die Handlungen zu sanktionieren, die gegen **grundlegende Werte der Schule**
verstoßen oder deren Einhaltung nachdrücklich gefährden.

Um diesen Gedanken zu konkretisieren:

> **Jeder hat ein Grundrecht auf Wahrung seiner Würde und der
> physischen und psychischen Gesundheit. Wird diese willkürlich
> beeinträchtig, ist dieses Grundrecht mit Hilfe von Sanktionen zu
> wahren.**

Diese markige Definition unterscheidet mit dem Begriff Gesundheit zwischen
Kleinigkeiten, die nicht in jedem Fall zu sanktionieren sind, und relevanten
Übergriffen. Auch der Begriff Würde sollte nicht zu eng ausgelegt werden.
Sanktioniert werden sollen auch alle die mutwilligen Handlungen, die die
Funktion der Schule nachhaltig beeinträchtigen. Nachhaltig heißt zum Bei-
spiel, dass nicht jede Störung den Unterricht wirklich beeinträchtigt, aber
eine Störung, die sich trotz Ermahnungen wiederholt.

Will die Schule glaubhaft und pädagogisch erfolgreich sanktionieren, haben sich auch die Lehrer an die aufgestellten **Regeln und Grundwerte** zu halten. Damit wird ein strenger Verhaltensmaßstab auch an die Lehrenden angelegt. Strafen basieren darauf, dass alle die Regeln einhalten. Die Gleichheit vor dem Gesetz ist nicht zufällig eine zentrale Forderung in Verfassungen. Eine Schule kann die Forderung nach **gegenseitigem Respekt** nicht durchsetzen, wenn sich mehrere ihrer Lehrer nicht an diese Forderung halten. Dass sich auch die Lehrer beim Umgang mit ihren Schülern an Grundregeln zu halten haben, ist keine Einschränkung pädagogischer Freiheit, sondern eine Selbstverständlichkeit.

Auch Lehrer werden geschützt, wenn sie sich für die Wahrung der Rechte aller der an Schule Beteiligten einsetzen. Denn es gilt auch, die eigenen Rechte zu wahren. Ein Lehrer soll sanktionieren, wenn Schüler seine Würde nicht achten. Beschimpfungen seiner Person sind nicht hinzunehmen.

Allerdings sollte man auch hier nicht übertrieben vorgehen, denn kleine Frechheiten gehören zu einem lebendigen Schulalltag, wie das abschließende Beispiel erläutern möchte.

Meine Handschrift ist meine große Schwäche. Weil ich das weiß, verkrampfe ich regelmäßig bei der Erstellung von Tafelbildern. Meist gelingen mir die ersten Zeilen gut, dann aber reißt es mich fort, und ich krakele Zeichen an die Tafel, die sich gegen eine Entzifferung stemmen. Mein Leistungskurs nimmt das mit Humor.

In einer Stunde stellte ich an der Tafel verschiedene Theorien zur Erklärung von Gewalthandlungen dar. Neele meldete sich: *„Wieso schreiben sie Westbahnhof an die Tafel? Was hat das mit unserem Thema zu tun?"* Das unterdrückte Glucksen aus der Klasse hätte mich warnen sollen. Aber statt den Witz zu überhören, fragte ich nach: *„Wieso kommst du auf Westbahnhof?"* – *„Weil es da steht. Direkt hinter ,Lernen im Hotel'."* Die Klasse freute sich. Sie freute sich noch

mehr, als Friederike, Neeles Nachbarin, sich meldete und im Ton einer mit-
leidigen Kinderärztin sprach: *„Neele, du sollst doch Herrn Kindler nicht immer
ärgern. Du weißt doch, dass er seine eigene Geheimschrift hat, die nur er ent-
ziffern kann. Du musst auch gar nicht lesen, was da steht. Wenn du nachfrag-
st, liest er dir noch mal alles vor. Dann kannst du auch bequem mitschreiben.
Schnell lesen kann er bei seiner Schrift ja nicht."* Dann wandte sich Friederike
an mich: *„Herr Kindler, wäre es nicht besser, wenn ich in Zukunft die Tafel
übernehme? Sie können mir dann diktieren."* Nur ein humorloser Mensch
würde in dieser Situation zu einer Strafe greifen, wie ich es getan habe.
Seitdem nämlich diktiere ich Friederike die Tafelbilder.

Was macht eine Strafe aus?

Um eine Sanktion von anderen Verhaltensweisen klar unterscheiden zu
können, sollte man die **Perspektive des zu Strafenden** übernehmen, also
die des Schülers. Jede Strafe basiert auf einem **klaren Machtgefälle**. Ein
Schüler kann einen Lehrer ärgern, ihn mobben, quälen oder sich an ihm
rächen. Strafen kann er ihn nicht. Immer, wenn eine Strafe ausgesprochen
wird, manifestiert sich ein Machtgefälle.

Strafen und Ermahnungen unterscheiden sich darin, dass eine Strafe mit
praktischen Konsequenzen verknüpft ist. Die Ermahnung fordert beispielsweise dazu auf, sich zu konzentrieren. Die Strafe verlangt nicht nur
die Konzentration, sondern auch eine Handlung, die darüber hinausgeht,
zum Beispiel die Anfertigung eines Stundenprotokolls.

**Eine Strafe ist nur dann eine Strafe, wenn sie als Strafe empfunden
wird.** Fehlt eine mit der Strafe verbundene, als unangenehm empfundene
Konsequenz, trifft diese nicht. Damit wird deutlich, weshalb Klassenbucheintragungen unter Umständen so wenig bewirken. Es geht nicht darum,
einen Schüler zu quälen, sondern ihm eine **klare** Konsequenz seines Verhaltens zu vermitteln. Deshalb macht es auch wenig Sinn, Strafen lustig
zu verpacken. Der Schüler erkennt die Absicht und ist verstimmt.

Strafen können vor diesem Hintergrund sehr unterschiedliche Formen haben. Sie können darin bestehen, die Eltern über ein Fehlverhalten zu infor-

mieren, was die unangenehme Handlungskonsequenz kritischer häuslicher Gespräche mit sich bringen dürfte. Die Strafe kann in der Mühe einer Wiedergutmachung bestehen, im unangenehmen Reflektieren eigenen Fehlverhaltens, in einer lästigen Mehrarbeit, in den Peinlichkeiten einer Klassenkonferenz. Diese Aufzählung ließe sich fortführen. Man kann es auch verhaltenstherapeutisch zusammenfassen:

Alles, was dazu führt, dass ein bestimmtes Verhalten seltener auftritt oder nicht wiederholt wird, ist eine Strafe.

Wie ist zu strafen?

Hier geht es nicht darum, enge Verhaltensvorschriften zu liefern. Die Art, wie ein Lehrer sanktioniert, ist immer Ausdruck seiner Persönlichkeit und seiner Beziehung zum Schüler und zur Klasse. Trotzdem gibt es **einige Grundregeln**, die beachtet werden sollten.

Zu Beginn eines Schuljahres sollten die Schüler erfahren, dass Regelbrüche und bestimmte Formen eines Fehlverhaltens nicht hingenommen, sondern sanktioniert werden. Dabei sollten die Regeln nicht nur genannt werden, sondern in erster Linie ihr Sinn vermittelt werden und die Werte, auf denen sie basieren. Die Sanktionen, so kann man ankündigen, beziehen sich auf den Einzelfall. **Ein Strafenkatalog macht keinen Sinn**, höchstens, wenn beispielsweise folgende Festlegungen getroffen werden: *„Wenn innerhalb einer festgelegten Zeit 3-mal die Hausaufgaben nicht vorliegen, informiere ich eure Eltern."* Entwickeln Sie aber keinen Gesetzeskatalog, sondern zeigen Sie nur die wichtigsten Regelungen auf.

Strafen sollten **zeitnah** verhängt werden. Eine Sanktion, die verzögert erfolgt, wie eine terminlich ungünstige Ansetzung einer Klassenkonferenz, verliert auf Grund der zeitlichen Distanz den Zusammenhang mit dem Fehlverhalten. Sie wird so schnell als ungerecht empfunden.

Strafen sind präventiv erfolgreich, wenn die Wahrscheinlichkeit, dass eine Sanktion erfolgt, hoch ist. Das lässt sich in Klassen leicht feststellen. Regeln, auf deren Bruch lediglich mit der Ankündigung von Sanktionen reagiert wird, ohne dass diese jemals erfolgen, werden öfter gebrochen, als wenn ein Regelbruch konsequent sanktioniert wird.

In dieser Ankündigung sollten Sie auch den Dauerbeschwerden vorbeugen, die beim Verhängen jeder Sanktion zu hören sind: *„Aber die anderen haben doch auch, und die müssen nichts machen ..."* Vielleicht schreiben sie den Schülern den folgenden Satz an die Tafel: *„Im Unrecht gibt es keine absolute Gerechtigkeit."* Dieser Satz kann schlüssig mit dem Ampelbeispiel erklärt werden: Wenn jemand bei Rot über die Ampel fährt und die Polizei ihn nicht erwischt, wird er nicht bestraft. Deshalb wird trotzdem jeder bestraft, der dabei erwischt wird. Nur weil jemand für ein Fehlverhalten nicht bestraft wird, entsteht für niemanden das Recht, bei demselben Verstoß ungeschoren davonzukommen.

In Wut oder emotionaler Erregung sollte man nicht sanktionieren.
Strafen sollten auch immer ohne hämischen oder ironischen Unterton ausgesprochen werden, sondern sachlich, ruhig, mit der Haltung:

„Was ich jetzt tue, macht mir keinen Spaß, aber ich tue es, weil es Sinn macht." Ein strafender Lehrer sollte den Schüler ernst nehmen. Das Ernstnehmen heißt auch, dass er ihn von den Konsequenzen seines Verhaltens nicht ausschließt.

Die Haltung, die ein Lehrer beim Aussprechen einer Sanktion einnimmt, ist noch in anderer Hinsicht wichtig. Zeigen Sie, dass Sie hinter der Strafe stehen, dass Sie die Strafe für angemessen und unumgänglich halten. Das muss nicht ausgesprochen werden, sondern spiegelt sich in einer selbstbewussten, sicheren Art wider. Zeigt ein Lehrer aber, dass er unsicher ist, ob die Strafe berechtigt ist, die er gerade verhängt hat, sind endlose Diskussionen und Widerstände sicher zu erwarten.

Strafen sollten immer **angemessen** sein (dazu wurde unter der Darstellung der rechtlichen Grundlagen in Kapitel 5 Wichtiges gesagt) und im Bestreben, **gerecht** zu sein, ausgesprochen werden. Gerecht sind Strafen dann, wenn Sie auch die Rechte dessen wahren, der Opfer eines Übergriffs geworden ist. Das Nichtstrafen eines Übergriffes signalisiert dem Opfer, dass der Übergriff als nicht bedeutend angesehen wird, dass er und seine Leiden als nicht wichtig erachtet werden. Die Forderung nach Gerechtigkeit bezieht sich auf die **Wahrung von Werten,** die sich in Regeln ausdrücken. Wenn eine Klasse zusammen mit dem Lehrer ernsthaft **Umgangsregeln** formuliert und installiert hat, wird es die Mehrheit der Schüler als ungerecht empfinden, wenn diese Regeln von Einzelnen folgenlos durchbrochen werden können.

Strafen sollten ausschließlich **auf das Verhalten bezogen** ausgesprochen werden. Also sollte sich nicht mit Formulierungen garniert werden wie: *„Du erhältst einen schriftlichen Tadel, weil du unkameradschaftlich und hinterhältig bist",* denn solch eine Etikettierung ruft im Regelfall trotzigen Widerstand hervor.

Stattdessen sollte ein Strafe begründet werden, etwa in der folgenden Form: *„Wiederholt hast du Maria beschimpft, mit Worten, die beleidigend und verletzend sind. Meine Aufforderung an dich, dein Verhalten einzustellen, hat nichts bewirkt. Dabei haben wir uns in der Klasse darauf geeinigt, dass jeder von uns ein Recht auf Respekt hat. Trotzdem hast du gegen die Klassenregeln verstoßen. Deshalb werde ich deine Eltern zu einem gemeinsamen Gespräch mit dem Stufenleiter und dem Schulleiter einladen, an dem du auch teilnehmen wirst."*

Wenn eine Sanktion, bezogen auf ein **Fehlverhalten,** begründet, statt auf Persönlichkeitsmerkmale bezogen wird, wird zugleich ihre Notwendigkeit vermittelt. Eine personenorientierte Begründung ruft dagegen nicht nur den Widerstand des Herabgewerteten hervor, sondern ist in der Regel auch falsch. Denn wer kann den **Charakter eines Schülers** mit letzter Sicherheit beurteilen? Erfassen wir wirklich im Unterricht die Persönlichkeit eines Schülers so, dass wir uns ein Gesamturteil bilden können? Und wenn wir den Charakter eines Schülers wirklich richtig einschätzen könnten, was würde es nützen, dem Schüler persönliche Schwächen vorzuhalten? Könnten wir so seinen Charakter ändern? In der Regel können wir froh sein, wenn wir bestimmte Verhaltensweisen dauerhaft ändern können.

Abschließend möchte ich vor einer Gefahr warnen, die entsteht, wenn man umsichtig Sachverhalte sichert und klärt: ein **falsches Konfliktmanagement.** Im Bestreben, keine Angriffsflächen zu bieten und angemessen zu sanktionieren, können sich leicht Gewichtungen verschieben. Verlieren

Sie trotz der gebotenen Sorgfalt beim Umgang mit Regelverstößen nicht das vorrangige Ziel aus dem Auge, die **Lösung des Konfliktes**. Wenn man sich darauf konzentriert, angemessen zu sanktionieren, kann das leicht geschehen. Dann stellt man nach einem Konflikt in der Klasse nicht mehr die Frage: *„Wie können wir dieses Problem lösen?"*, sondern es wird ein anderer Gedanke in den Vordergrund geschoben: *„Wer ist schuld an dem Streit?"*

Konzentriert man sich in einem Konflikt auf die Ermittlung der Schuld, dann kann das alle Beteiligten lähmen. Es wird nicht konstruktiv mit dem Konflikt umgegangen, sondern es wird rückblickend eine Ursachenzuschreibung unternommen, die in der Regel auf heftigen Widerstand der Beteiligten stoßen wird.

Auch hier wird ein Balanceakt verlangt. Auf der einen Seite steht die Problemlösung, die perspektivisch ausgerichtet ist. Auf der anderen Seite gilt es, Fehlverhalten exakt zu erkennen und zu beschreiben. Die Balance ist nicht gewahrt, wenn die Diskussion mit der Klasse oder mit Einzelnen zu einer Jagd nach dem Täter wird. Krimis sind spannend zu lesen, aber deren Inszenierung im Unterricht schadet, weil Lösungen aus dem Auge verloren werden. Das euphorische: *„Wir haben das Problem erkannt, wir haben es gelöst, gebt euch die Hände, und dann ist alles gut!"*, vernachlässigt das Leid der Betroffenen, die Bedeutung von Werten und die Funktion von Regeln.

Kooperation mit den Eltern als Voraussetzung

Nehmen Sie einmal den schlimmsten Fall an: Sie schicken den Eltern eines Schülers einen Brief, weil er wiederholt einen Mitschüler in demütigender Weise beschimpft hat. Die Eltern des Jungen rufen sie an. Dieser hört das Gespräch mit. *„Wegen so einer Lappalie vergeuden Sie Tinte!"*, sagt man Ihnen. Der Effekt dieses Gespräches liegt auf der Hand. Der Schüler wird Sie als kleinlich ansehen, kein Fehlverhalten seinerseits empfinden und die Attacken gegen den Mitschüler fortsetzen, möglichst ohne Ihnen dabei aufzufallen. Maßnahmen, deren Berechtigung Eltern anzweifeln, werden wenig erfolgreich sein. In solchen Fällen vertrauen Kinder ihren Eltern.

Nun ist es gar nicht so leicht, die **Mitarbeit von Eltern** zu gewinnen, wenn deren Kind sanktioniert wird. Dies wurde zuvor ausführlich erörtert (vgl. Kapitel 6). Sie haben jedoch gute Chancen, die Kooperation mit den Eltern auch bei Sanktionen erfolgreich zu gestalten, wenn Sie **folgende Aspekte** berücksichtigen:

✗ Klären Sie die Eltern allgemein über Sanktionen und deren Anwendung auf. Dies kann bei Elternversammlungen oder mit einem Elternbrief erfolgen.
✗ Vermitteln Sie den Eltern, welche Werte für Sie in der Schule wichtig sind, dass Sanktionen keinen Selbstzweck erfüllen, sondern der Verteidigung und Durchsetzung von Werten dienen.
✗ Informieren Sie die Eltern rechtzeitig bei ernsthafteren Problemen.
✗ Erbitten Sie deren Mitarbeit. Wer höflich um Unterstützung gebeten wird, tut sich schwerer damit, Maßnahmen zu unterlaufen.
✗ Stellen Sie nie die Erziehungskompetenz der Eltern in Frage.
✗ Verurteilen Sie nie das Kind selbst, sondern nur sein Verhalten. Dieses sollte möglichst sachlich und unaufgeregt dargestellt werden. Hüten Sie sich dabei auch vor einem „Faktensalat". Wenn Sie die Eltern mit einer vorbereiteten Liste überfallen, werden sie instinktiv ihre Kinder in Schutz nehmen. Zu Recht: Die Liste ist nicht vollständig. Sie enthält nämlich nicht die positiven Verhaltensweisen.

✗ Vermitteln Sie den Eltern die gemeinsame positive Zielvorstellung, dass Sanktionen dem Kind helfen sollen, ein Fehlverhalten einzustellen.

✗ Begegnen Sie den Ängsten der Eltern, die eine Karrieregefährdung bei Sanktionen befürchten, indem Sie den Stellenwert der Strafe veranschaulichen.

✗ Zeigen Sie den Eltern auf, welche unerwünschten Verhaltensweisen entstehen können, wenn Schule und Elternhaus im Clinch liegen.

✗ Wenn Sie sich es zutrauen: Befragen Sie die Eltern, welche Ziele sie mit einer Intervention gegen eine Strafe erreichen wollen. Sie weisen die Eltern so auf die Folgen ihres Verhaltens hin. Das kann aber auch danebengehen.

9

Strafen müssen zur Schulkultur passen

Sanktionen entwickeln sich nicht nur auf der Basis von Werten. Ein anderer, oft unbewusster Maßstab für Sanktionen ist der Alltag, das „Normale". Man kann das auf die simple Formel bringen: Alle Verhaltensweisen, die auf negative Art deutlich über das Alltägliche hinausgehen, provozieren Sanktionen.

Strafen müssen angemessen sein

Die vom Gesetzgeber geforderte **Angemessenheit** ist deshalb nicht absolut zu definieren, sondern sie bezieht sich auf die **als „normal" definierten Verhaltensstandards**. Jedoch vermitteln Schulen keineswegs identische Verhaltensstandards.

In meiner Schule wird ein besonderes Gewicht darauf gelegt, Mobbing zwischen Schülern zu verhindern. Dafür haben wir umfangreiche Präventionsmaßnahmen entwickelt. So wird jeder Schüler über Mobbing gründlich aufgeklärt, lernt die Schädlichkeit von Mobbing für das Opfer und die Klasse kennen. Wenn sich jetzt ein Schüler entschließt, zu mobben, handelt er gegen besseres Wissen, gegen schulische Vorgaben. Sein Handeln ist deshalb anders und strenger zu sanktionieren, als jemand, dem nicht bewusst ist, was er mit seinem Vorgehen anrichtet. Eine Schule, in der Umgangsformen und Höflichkeiten besonders eingeübt werden und die dabei über die Schädlichkeit verbaler Übergriffe gezielt aufklärt, reagiert härter, wenn ihre Schüler sprachliche Übergriffe durchführen, als andere Schulen, die ein solches Programm nicht verfolgen. Schulen, die in einem sozialen Brennpunkt liegen, werden bei Beschimpfungen andere Maßstäbe anlegen als eine ländliche Schule in kirchlicher Trägerschaft.

Das bedeutet auch: Wenn sich ein Kollegium über Sanktionen einigt, kann es nicht von einem abstrakten Regelkatalog ausgehen, sondern es gilt, zu reflektieren, **welche Werte auf welche Weise an der Schule durchsetzbar sind und welche Sanktionen bei ihrer spezifischen Schülerschaft sinnvoll sind.** Unter dieser Vorgabe sollten auch die späteren Vorschläge geeigneter schulischer Sanktionen gelesen werden. Allerdings darf bei aller Unterschiedlichkeit nicht aus den Augen verloren werden, dass **gegenseitiger Respekt** ein Grundwert für alle Schulen sein muss.

Angemessenheit der Strafe bedeutet auch, dass die Schüler **altersgemäß** sanktioniert werden. Einem ängstlichen, eingeschüchterten Zweitklässler ist anders zu begegnen als einem „Schulprofi" aus dem 12. Jahrgang, selbst bei einem ähnlichen Fehlverhalten. Ähnlich deshalb, weil es einen Unterschied macht, ob eine Schülerin der 1. Klasse zu einer Lehrerin sagt: „Du bist eine Ziege!", oder wenn derselbe Satz dem Mund einer Oberstufenschülerin entspringt.

Selbst Schüler in einer Klasse können nicht immer gleich behandelt werden. Es macht einen Unterschied, ob ein Schüler zum ersten Mal gegen eine Regel verstößt oder ob es der zehnte Vorfall ist, selbst bei einer im Einzelfall identischen Handlung.

Ein Kind, das zu Hause unter Druck steht, reagiert anders als ein unbelastetes Kind. Hier gilt es, eine schwierige Balance zu wahren, zwischen der Gerechtigkeit für den Einzelnen und der Gerechtigkeit für die Gruppe. Schlägt das Pendel nur Richtung Individuum aus, wirkt das auf die Gruppe wie die Bevorzugung von bestimmten Schülern. Schnell heißt es: „Der hat seine Lieblinge." Behandeln Sie alle Schüler unter allen Bedingungen immer gleich, heißt es: „Der hat nur seine Vorschriften im Kopf."

Angemessene Sanktionen lassen sich nicht allein aus der Durchsetzung und Wahrung von Regeln entwickeln, sondern auch aus der **konkreten Kenntnis der Klasse** und aus dem Wissen um die **Besonderheit einzelner Schüler**.

Angemessenheit bedeutet auch den **Verzicht auf eine Kollektivstrafe.** Eigentlich machen nie alle Schüler einer Klasse bei einem Regelbruch mit. Es gibt aber erlaubte Sanktionen, die recht wirksam sein können, und in die Nähe von Kollektivstrafen rücken. Verhält sich eine Klasse generell undiszipliniert, kann ein Wandertag mit der Begründung gestrichen werden: „Ihr haltet euch zur Zeit nicht an Regeln und Vorgaben der Schule. Anweisungen von Lehrern werden von vielen Schülern der Klasse ignoriert. Deshalb ist es nicht zu verantworten, mit euch einen Wandertag durchzuführen."

Vermittlung der Strafe

Auch in Schulklassen entwickelt sich, nicht selten ungestaltet und unbewusst, eine bestimmte **Umgangskultur**. Ob eine Strafe von der Klasse insgesamt als zu streng empfunden wird, ob sie dem Gerechtigkeitsgefühl der Schüler entspricht, hängt mit Umgangstraditionen in der Klasse und dem pädagogischen Handeln des Lehrers zusammen. Damit nicht verwechselt werden sollte die blinde Solidarität von Freunden, die jede Strafe gegen ihren Kumpel als ungerecht abwehren, selbst wenn sie die Sache in Wirklichkeit anders sehen. Ein Blick in die Gesichter der Schüler hilft, zwischen echten und Scheinprotesten zu unterscheiden.

Steht aber eine Sanktion in **deutlichem Gegensatz zum Gerechtigkeitsgefühl der Schüler** einer Klasse, kann sie genau das Gegenteil von dem bewirken, was man eigentlich gewollt hatte: Statt einer allgemeinen Akzeptanz der Regeln und der schulischen Autorität entsteht **Solidarität** mit dem, der die Regel bricht. Vielleicht erzeugt eine überharte Sanktion Angst, aber auf keinen Fall Einsicht in ein Verhalten. Allerdings kann auch das Ausbleiben einer erwarteten und als gerecht empfundenen Sanktion das Ansehen eines Lehrers erheblich beschädigen.

Es liegt auch am Lehrenden, welche Sanktionen als gerecht empfunden werden. Vermittelt er den Wert von gegenseitigem Respekt und lebt ihn glaubhaft vor, bemüht er sich darum, immer wieder entsprechende Haltungen und Verhaltensweisen zu vermitteln, ist ein Klasse eher bereit, entsprechenden Sanktionen zuzustimmen. Was also eine Klasse als gerecht empfindet, kann entwickelt und gestaltet werden.

Dabei sollten Lehrer auf keinen Fall unterschätzen, dass Schüler **ein Nichtsanktionieren von Regelverstößen** ebenfalls als ungerecht empfinden. Im Fach Pädagogik ist die Schule selbst Gegenstand des Unterrichts. Seit mehreren Jahren stelle ich am Ende der Reihe den Schülern die Frage, was sie persönlich an der Schule am meisten geärgert habe. An erster Stelle wird regelmäßig die Kritik auf unmotivierte Lehrer konzentriert, die den Unterricht gelangweilt nach dem immer gleichen Schema abreißen. Standen danach früher schulische Zwänge oder Zensurendruck im Vordergrund, beklagen sich gegenwärtig die Schüler darüber, dass in der Schule alles möglich sei und eigentlich nichts sanktioniert werde, zumindest in der Oberstufe:

> *Wer ernsthaft arbeitet, ist der Dumme. Hausaufgaben werden nur von wenigen kontrolliert, und wenn einer nichts getan hat und geschickt auf Lernstörung macht, wird der ganze Käse wiederholt.*

> *Noch schlimmer ist das mit dem Schwänzen und Zuspätkommen. Bei vielen Lehrern wartet der anwesende Kurs noch nach dem Klingeln, bis angefangen wird. Es lohnt sich nicht, pünktlich zu sein. Und jede noch so blöde Ausrede wird akzeptiert. Bei einigen Lehrern muss man sich gar nicht entschuldigen. Na ja, die sind ja auch in der Regel zu spät dran.*

> *Unser Sportlehrer hat mitgekriegt, wie die Anni, die ist ja nicht so schlank, richtig üble Sprüche geschickt bekommen hat. Und nichts hat der gemacht, außer grinsen. Das ist nicht sauber.*

Bewusste und pädagogisch vermittelte Werthaltungen wirken sich noch anders auf das Klassenleben aus. In einer umfangreichen Studie[13] verglichen W. Koh et al. bei 806 Lehrern den Erfolg von Lehrern, die als **Bestandteil ihres Unterrichts Werte vermitteln, vorleben und umsetzen,** mit anderen Lehrern, die ihren Unterricht auf die möglichst effektive Vermittlung von Inhalten hin ausrichten, und kamen zu dem Ergebnis, dass Schüler bessere Lernergebnisse in einem Umfeld mit klaren, vermittelten Wertehaltungen erzielen. Auch zeigten sich diese Schüler zufriedener mit ihrer Schule, ihrem Lehrer und ihrer Lerngruppe.

---

[13] W. Koh, R. Steers, J. Terborg: The effects of transformational leadership on teacher attitudes an student performance in Singapore.
Journal of Organizational Behavior, 16, 1995. S. 319–333.

10

Grenzen schulischer Strafen

Vor einiger Zeit führte ich zusammen mit drei anderen Moderatoren eine schulinterne Lehrerfortbildung an einer integrierten Schule für Lernbehinderte durch, die in einem sozialen Brennpunkt lag. Selten empfanden wir Moderatoren Schulprobleme als so belastend, wie wir es an diesem Fortbildungstag erfuhren: Lehrer, die öffentlich berichteten, dass sie nur mit Psychopharmaka über die Runden kamen, und rauchende 10-Jährige, die eine intervenierende Lehrerin sexistisch beschimpften, waren typische Beispiele für den Alltag an dieser Schule. Den Höhepunkt jedoch bildete eine abschließende Frage:

„Wir haben morgen eine Lehrerkonferenz über einen 15-Jährigen aus der 8. Klasse. Er hat frühzeitig den Unterricht verlassen, um dann in die Mädchentoilette einzudringen. Dort hat er einer Schülerin der 2. Klasse mit Gewalt die Hose heruntergezogen, um sexuelle Handlungen an ihr zu vollziehen. Glücklicherweise ist er daran gehindert worden. Was empfehlen Sie uns für die morgige Konferenz?"

Bevor ich eine Antwort gab, fragte ich nach und musste zu meinem Zorn erfahren, dass es die Schule unterlassen hatte, den Sexualtäter anzuzeigen.

So etwas ist nur möglich, wenn sich Schulen nicht klarmachen, wo ihre **Grenzen** liegen. Die Bordmittel einer Schule sind nicht geeignet, auf **kriminelles Handeln** zu reagieren. In solchen Fällen muss die Schule andere Institutionen einschalten, ohne auf eigene Sanktionen zu verzichten. Im anderen Fall toleriert sie Kriminalität. Bei nicht strafmündigen Schülern sollte bei kriminellem Verhalten das Jugendamt informiert werden.

Diesen Behörden stehen im Umgang mit kriminellem Verhalten andere Mittel zur Verfügung, und sie haben auch andere Kenntnisse, Erfahrungen und Konzepte als Schulen.

Eine Schule, die konsequent **kriminelles Verhalten** zur Anzeige bringt, steht öffentlich nicht schlechter da, als eine Anstalt, die dies ängstlich vertuscht. Sie unterschätzt nämlich die „Mund-zu-Mund-Propaganda". Bekannt werden solche Übergriffe in der Regel immer. Eine Schule, die offen und konsequent mit kriminellem Verhalten umgeht, wird eher akzeptiert, als die Schule, die dieses herunterspielt und verheimlicht. Außerdem erweisen solche Lehranstalten ihren Schülern einen Bärendienst. Denn diese lernen, dass kriminelles Verhalten sich lohnt und folgenlos ist, zumindest für den Täter.

Die **Grenzen schulischer Sanktionen** sehe ich unter anderem bei folgenden Delikten, bei denen Schulstrafen zwar ausgesetzt werden dürfen, die jedoch im Regelfall nur in Zusammenarbeit mit der Polizei bewältigt werden können:

✗ Erpressung, die mit Gewalt durchgeführt wird
✗ schwere Körperverletzung, mit oder ohne Waffe
✗ erhebliche sexuelle Übergriffe
✗ ernsthafte Bedrohung mit einer Waffe
✗ massiver Diebstahl
✗ organisierte Bandenkriminalität
✗ Konsum harter Drogen im Bereich von Schule
✗ Verkauf von Drogen im Bereich von Schule
✗ massive öffentliche Verleumdung
  (Weshalb sollte nicht auch rechtlich gegen eine erhebliche Beleidigung oder ehrenrührige Darstellung im Internet vorgegangen werden? Lässt man dies im Falle eines einzelnen Kollegen zu, ohne zu reagieren, können die anderen ja schon mal überlegen, was sie erwartet.)

Schulstrafen helfen außerdem nur wenig bei **psychisch kranken Kindern**. Hier sollte unbedingt die Zusammenarbeit mit schulpsychologischen Diensten oder mit Jugendämtern gesucht werden, wobei zu klären ist, ob ein Kind wirklich psychisch krank ist. Aus persönlichen Erfahrungen mit Schülern mit hyperkinetischem Syndrom und/oder Aufmerksamkeitsdefizitstörung (ADS) kann ich mich nicht von dem Verdacht freimachen, dass in nicht wenigen Fällen ein Fehlverhalten hinter medizinischem Vokabular versteckt wird und Medikamente an die Stelle ernsthafter Erziehungsanstrengungen treten.

Nachsitzen. Holzstich 1875, nach einem Gemälde von H. Oehmichen

11

Beispiele für sinnvolle Strafen

Vor jeder Sanktion sollte immer unbedingt ein **Gespräch** stattfinden, zumindest sollte immer erklärt werden, weshalb die Sanktion verhängt wird, besonders, wenn ein ernsthaftes Fehlverhalten vorliegt. Unter Gespräch ist nicht eine Mischung aus Gardinenpredigt und offizieller Verlautbarung zu verstehen. Bitte verfahren Sie nie nach dem folgenden Muster, das als Abschreckung dienen soll:

Stellen Sie sich einen wütenden Lehrer vor, der im Beisein der Klasse eine Schülerin anfährt: *„Caroline, du hast während des Unterrichts mit deinem Handy deinen Englischlehrer heimlich gefilmt und seinen Wutausbruch im Internet für alle zugänglich gemacht. Das zeigt nur, was du für einen miesen Charakter hast! Euch ist ja nichts mehr heilig! Ihr Gören meint, ihr könntet euch benehmen wie die offenen Hosen. Aber wenn du zu dumm bist, zwischen einem Spaß und einer unverschämten Verletzung von Persönlichkeitsrechten zu unterscheiden, werden wir dir das schon beibringen – mit allem Nachdruck! Caroline, du bist in der 10. Klasse doch kein Kind mehr. Sonst tut ihr immer*

cool und erwachsen, aber jetzt sitzt du da und heulst. Mitleid kriegst du so nicht von mir. Kannst du auch gar nicht erwarten. Und das ist ja nicht das erste Mal, dass du mir Schwierigkeiten machst. In der 7. Klasse hast du …"

Wenn Sie ein **Gespräch** führen wollen – ein Gespräch und keinen Monolog – reden Sie am besten unter vier Augen mit dem Betreffenden. Geben Sie ihm die Möglichkeit, zu antworten. Bleiben Sie sachbezogen und ruhig.

„Caroline, jetzt müssen wir ernsthaft miteinander reden. Der Sachverhalt, um den es geht, stellt sich für mich folgendermaßen dar: [...] Siehst du das auch so? [...] Fassen wir noch einmal zusammen: Du hast während der Englischstunde deinen Lehrer heimlich gefilmt, als er richtig wütend wurde, und diesen Film im Internet anderen zugänglich gemacht [...] Wie beurteilst du dein Verhalten rückwirkend? [...] Ist dir klar, dass wir dein Verhalten nicht hinnehmen können?
Hast du dir überlegt, wie du auf deinen Englischlehrer zugehen könntest? [...]
Was ich unternehmen werde? Ich habe gleich eine Besprechung mit dem Schulleiter und deinem Englischlehrer. Vermutlich werden wir eine Klassenkon-

ferenz einberufen. Auf jeden Fall aber werde ich deine Eltern über den Vorfall schriftlich informieren. Nach der Besprechung setzen wir uns zusammen, und ich erzähle dir, wie es weitergeht.“

Ein Gespräch ist kein Ersatz für Strafen, kann aber die Notwendigkeit einer Strafe klären, oder besser: Es kann verhindern, dass es überhaupt zu einer Sanktion kommt.

Wenn es im Weiteren um die **Darstellung sinnvoller Schulstrafen** geht, können hier nicht alle Strafen, die im Rahmen von Schule sinnvoll sind, behandelt werden. Wenn bei den folgenden vorgestellten Sanktionen Strafanlässe genannt werden, sollten Sie immer bedenken, dass diese auf Ihre Schulkultur bezogen angewandt werden sollten. Die Kategorien

 Anlass　　 **Voraussetzung**　　 **Probleme**

 Vorteil　　 **Wirkung einer Maßnahme**

sind in der Realität weniger trennscharf. Aber mit ihrer Hilfe lassen sich Sanktionen systematisch darstellen.

Erzieherische Maßnahmen

Jeder Lehrer kann individuell erzieherische Maßnahmen verhängen. Es gibt keine Rechtsvorschrift oder Ausführungsbestimmung, die Absprachen mit dem Klassenlehrer des zu Strafenden verlangt – leider. Denn zumindest der Klassenlehrer sollte vor jeder ernsthafteren Sanktion informiert werden. Sonst besteht die Gefahr, dass **negative Entwicklungen in der Klasse** nicht wahrgenommen werden. Sanktionen im System Schulklasse sind wirksamer, wenn sie abgesprochen und koordiniert werden.

Ausschluss aus einer Stunde bzw. das Trainingsraumkonzept

 Nur bei hartnäckigen oder sich wiederholenden Unterrichtsstörungen sollte ein Schüler von der laufenden Stunde ausgeschlossen werden. Sonst müsste auf jede Kleinigkeit entsprechend reagiert werden. Viele Schulen haben den Ausschluss von der laufenden Stunde mit einem Aufenthalt im **Trainingsraum** verknüpft. Auf Grund einer wiederholten Störung muss ein Schüler einen beaufsichtigten Raum aufsuchen, in dem er in der Regel schriftlich die Ursachen seines Klassenverweises darstellen muss.

 Um einen Schüler der Primarstufe oder Sekundarstufe I – für den also Aufsichtspflicht besteht – von der laufenden Stunde ausschließen zu können, muss ein **geeigneter Raum** in der Schule vorhanden sein, der beaufsichtigt wird.

 Wenn der Ausschluss von der laufenden Stunde keine weiteren Konsequenzen hat, kann sich die Maßnahme so entwickeln, wie mir ein Referendar von seiner Schule berichtete: *„Mein Fachlehrer hat mir erzählt, dass das Trainingsraumkonzept in unserer Schule am Anfang gut geklappt hatte. Aber weil immer mehr Schüler in den Trainingsraum geschickt wurden, haben die Lehrer die anfänglich strenge Kontrolle der Protokolle, in denen die Schüler ihr Fehlverhalten darstellen mussten, und die Elternbriefe aufgegeben. Jetzt habe ich mitgekriegt, wie sich zwei Chaoten auf dem Schulhof für 11.00 Uhr im Trainingsraum verabredet haben. Das ist keine Strafe mehr, sondern eher ein Jux."* Deshalb sollten Verweise aus dem laufenden Unterricht immer mit einer **Elterninformation** – ein vorbereitetes Formular macht hier Sinn –

verbunden werden. Wenn die anzufertigenden schriftlichen Berichte nicht bestimmten Ansprüchen genügen, sind sie zu Hause zu überarbeiten. Außerdem sollten mehrere Trainingsraumaufenthalte innerhalb einer bestimmten Frist zwangsläufig **weitere Sanktionen** nach sich ziehen.

 Wenn Schüler bei Unterrichtsstörungen umgehend in den Trainingsraum verwiesen werden, bringt das ein weiteres Problem mit sich: Störungen werden nur noch als Fehlverhalten eines Einzelnen wahrgenommen. Störungen können aber andere **Ursachen** haben. Schlechter Unterricht wird häufiger gestört. So wird die Chance, dass Störungen auf fehlerhafte Prozesse im Unterricht hinweisen können, nicht mehr genutzt. Die Gefahr besteht, dass diese Verfahren Lehrer immunisieren, eigene Fehler wahrzunehmen.

 Wenn der „Chaotentreff" vermieden wird, sind Verweise in den Trainingsraum erfolgreiche Sanktionsmittel, weil sie unmittelbar auf ein Fehlverhalten folgen, also Fehlverhalten und Sanktion in direktem Zusammenhang stehen. Außerdem wird die soziale Isolation von den Mitschülern als unangenehm empfunden, besonders, wenn sie mit **lästigen Zusatzaufgaben** kombiniert wird. Einsichten werden durch den Trainingsraum nur eingeschränkt vermittelt, man sollte die Wirkung der zu schreibenden Aufsätze nicht überschätzen. Die Wirkung dürfte eher darin liegen, dass die Klasse sich an weniger störende Umgangsformen gewöhnt.

Wegnahme von Gegenständen (Handys, MP3-Playern o.Ä.)

 Auch ausgeschaltete Handys oder MP3-Player haben auf den Arbeitstischen in der Klasse nichts zu suchen. Unmittelbares Einschreiten ist geboten, wenn solche oder andere Geräte im Unterricht missbräuchlich verwendet werden.

 Damit die Wegnahme nicht auf Widerstand und Empörung stößt, sollten in der Klasse, oder besser noch in der Schule, **klare Regelungen** getroffen werden, die die Wegnahme dieser Geräte festlegt, wenn sie sichtbar ausliegen oder gebraucht werden. Hier stößt individuelles Handeln nur eines Lehrers auf Empörung, wenn seine Kollegen nicht ebenfalls zur Wegnahme bereit sind: *„Das ist Schikane, bei Herrn … dürfen wir das doch."* Besonders sollte darauf hingewiesen werden, dass mit einem Handy heimlich angefertigte Tonaufnahmen oder Filme zu **härteren Sanktionen** als der Wegnahme führen.

 Man sollte sich davor hüten, hierbei zu kleinlich zu agieren. Wenn sich beispielsweise einmal ein Handy meldet – von Klingeln kann ja keine Rede mehr sein – und die Klasse normaler Weise das Handyverbot im Unterricht respektiert, sich dann der Schüler „bedröppelt" entschuldigt, sollte man auf die Wegnahme dieses Gerätes verzichten. Sonst wird man als pingelig angesehen.

 Mit der Wegnahme von Gegenständen wird **unmittelbar und direkt** auf Störungen reagiert. Zudem kann man sich hier auf eine klar definierte Regel mit einer ebenso klaren Handlungskonsequenz beziehen.

 Schüler schätzen ihre Handys und Player sehr. Die Wegnahme der Geräte trifft sie hart. Wenn die Rückgabe auch noch zeitverzögert erfolgt, also frühestens am nächsten Tag möglich ist, und entweder durch Aushändigen an die Eltern oder nur bei der Vorlage eines von den Eltern unterschriebenen Begleittextes erfolgt, trifft die Wegnahme besonders. Schulen, die diese Maßnahmen konsequent durchführen, haben keine Handyprobleme im Unterricht.

Auch Waffen jeder Form sind, wann immer sie wahrgenommen werden, wegzunehmen. Allerdings ist in diesem Fall strenger zu verfahren, im Einzelfall sogar mit einer **Ordnungsstrafe**. Die Schule muss frei von Waffen bleiben.

Brief an die Eltern, schriftlicher Tadel oder inoffizielles Elterngespräch

 Nicht bei jeder Kleinigkeit bietet es sich an, die Eltern schriftlich zu informieren, sondern nur bei **gravierenderem Fehlverhalten**, zum Beispiel dann, wenn ein Schüler wiederholt gegen die Regel verstößt, das Klassenzimmer nicht als Abfalleimer zu missbrauchen, und direkte Ermahnungen folgenlos bleiben.

Auch hier sollte man die Klasse vorher informieren, dass bei gravierenderem Fehlverhalten immer die Eltern benachrichtigt werden. Sonst wird der **Elternbrief** oder das **Gespräch mit den Eltern** wie „Petzen" wahrgenommen. Unter Umständen ist es auch sinnvoll, dem Schüler die Maßnahme warnend anzukündigen: *„Marc, wenn du noch einmal deine Frühstücksreste auf dem Klassenboden verteilst, bekommen deine Eltern von mir eine Mitteilung."*
Auch die Eltern sollten von möglichen Maßnahmen vorher informiert werden, gleichgültig, ob man ein Gespräch wünscht oder die Eltern anschreibt. Sie sollten wissen, dass hier keine weitergehende Sanktion verhängt wird, sondern Gespräch oder Brief in erster Linie eine Information und Bitte um Mitarbeit bedeuten, um damit auch Überreaktionen und Dauertelefonate zu vermeiden.

 Schwierig könnte es werden, wenn die Eltern nach einem Schreiben das Fehlverhalten herunterspielen: *„Wegen so einer Lappalie schreiben Sie mich an? Wenn Sie wirklich nichts Besseres zu tun haben."* Eine solche Haltung lässt auch ein gut vorbereitetes Gespräch scheitern.
Der **Schutzreflex** vieler Eltern ist stark ausgeprägt, deshalb sollten Sie sachlich und unaufgeregt den Vorfall, der zu dem Kontakt geführt hat, beschreiben, etwa nach folgendem Muster: *„Ich möchte Ihnen mitteilen, dass Ihr Sohn Marc zum wiederholten Male die Klasse verunreinigt hat, indem er […] Dies ist umso ernster zu bewerten, da mehrere Gespräche mit Marc über dieses Verhalten erfolglos geblieben sind. Erst in der vergangen Woche habe ich Marc angekündigt, dass ich Sie bei der nächsten mutwilligen Verschmutzung der Klasse anschreiben würde."*
Diese Form der Darstellung zeigt den Eltern das Fehlverhalten sachlich auf und kann bei diesen Verständnis für Ihre Maßnahme bewirken. Auch können die Eltern aus der Darstellung entnehmen, wie Sie als Lehrer zu dem Fehlverhalten stehen, und entwickeln nicht Fantasien, die einen Schutzreflex auslösen. Aus diesem Grunde halte ich auch Formulare, die lediglich einen Tadel ausdrücken, ohne Weiteres zu klären, für wenig wirksam.
In einem in Ruhe verfassten Text lässt sich eine **sachliche Darstellung** präziser und knapper fassen als im Gespräch. Ein Gespräch wiederum hat den Vorzug, dass man auf Gegenargumente eingehen kann.

Elternbrief und Gespräch verlangen nur einen geringeren Aufwand. Die Eltern werden rechtzeitig informiert und als **Erziehungspartner** mit ins Boot genommen.

 Ein Gespräch ist dann wirksam, wenn es gelingt, zielorientiert zu kommunizieren. Es geht hier nicht darum, den Eltern Erziehungsfehler nachzuweisen oder aufzuzeigen, wie unerzogen und problematisch ihr Kind ist, sondern um die Zusammenarbeit von Elternhaus und Schule.
Die Wirksamkeit einer detaillierten, sachlichen schriftlichen Mitteilung ist im Allgemeinen hoch. Schriftliches wird ernster genommen. Wenn die Eltern mit der Schule kooperieren und dem eigenen Kind vermitteln, dass auch sie sein Fehlverhalten nicht akzeptieren, ist eine Verhaltenskorrektur wahrscheinlich.

Offizielles Elterngespräch mit Klassenleitung oder Schulleitung

 Diese Sanktion ist die höchste Stufe einer erzieherischen Maßnahme. Sie macht nur Sinn, wenn ihr ein klares, gravierendes Fehlverhalten vorausgegangen ist. Die Entscheidung, ob ein offizielles Elterngespräch oder eine Ordnungsmaßnahme durchzuführen ist, können nur Sie selbst treffen, wie im folgenden Fall: Auf einer Klassenfahrt wurde ein Schüler von drei Klassenkameraden nachts an sein Bett gefesselt. Der Junge wachte in Panik auf und wurde erst nach längerer Zeit und langem Bitten wieder befreit. In diesem Fall schlug die Schulleitung das **offizielle Elterngespräch** vor, weil sie mit der Art, wie einer der begleitenden Lehrer die Fahrt betreute und die Aufsicht wahrnahm, nicht einverstanden war. Im Rahmen einer **Klassenkonferenz** hätte der Kollege einige Angriffsflächen geboten. Ohne solche pragmatischen Einschränkungen kann man allgemein ein offizielles Elterngespräch ansetzen, wenn man davon ausgehen kann, dass dieses Gespräch als **Verhaltenskorrektur** so erfolgreich ist, dass weiterführende Ordnungsmaßnahmen sich erübrigen.

 Zunächst basiert dieses Verfahren darauf, dass es von der Schulleitung unterstützt wird. Es bedeutet immer einen größeren **zeitlichen**

und organisatorischen Aufwand, da mehrere Termine zu koordinieren und Einladungen zu versenden sind. Aber der Aufwand ist geringer als bei der Ordnungsmaßnahme Klassenkonferenz. Wie bei einer Ordnungsmaßnahme sollte immer ein Ergebnisprotokoll angefertigt und in Form einer Aktennotiz gespeichert werden.

 Wie bei jedem Gespräch mit unterschiedlichen Positionen, ist der Ausgang nicht vorhersehbar. Allerdings zeigt die Erfahrung, dass Eltern in einem Gespräch, von dem sie wissen, dass es pädagogische Zwecke erfüllen soll und keine Sanktion aussprechen will, das Entgegenkommen der Schule honorieren. Es ist seltener zu beobachten, dass Eltern das Fehlverhalten herunterspielen.

 Da hier der Schwerpunkt auf **pädagogischem Einwirken** liegt – auch wenn als Folge eines solchen Gespräches Erziehungsmaßnahmen möglich wären –, können Schule und Eltern gemeinsam Probleme einvernehmlicher angehen, besonders, wenn den Eltern das positive Ziel, ein Fehlverhalten zukünftig abzustellen, vermittelt wird. Auch hier hilft eine klare, sachliche Darstellung, die nicht übertreibt oder dramatisiert. Der **offizielle Charakter des Gespräches**, unterstrichen durch die Anwesenheit des Schulleiters und durch die Mitschrift, bewirkt, dass dieses Gespräch von den Eltern und dem betroffenen Schüler ernst genommen wird. Es sind trotzdem weniger Formalismen einzuhalten als bei der Durchführung einer Ordnungsmaßnahme. Im Zentrum des Gesprächs stehen das Fehlverhalten und die Maßnahmen, wie man es zukünftig vermeiden kann.

 Die Eltern werden die Schule eher als eine besorgte, ernsthafte pädagogische Instanz wahrnehmen, die sich um ihre **Mitarbeit** bemüht. Die Wirkung auf den Schüler kann, einen positiven Gesprächsverlauf vorausgesetzt, darin bestehen, dass er erfährt, Eltern und Lehrer sehen sein Verhalten gemeinsam kritisch und arbeiten gemeinsam an Konzepten. Die ausführliche Diskussion kann ihm sein Fehlverhalten bewusst machen. Ihm wird in dem Gespräch deutlich, dass er sein Verhalten ändern muss, wenn er nicht mit für ihn unangenehmen Konsequenzen rechnen will. Gemeinsam getroffene Vereinbarungen, die auch noch im Protokoll festgehalten werden, gewinnen auf dieser Basis einen hohen Grad an Verbindlichkeit.

Variante

Wird der Anlass als weniger schwerwiegend gesehen, kann ein „**ernstes Gespräch**", das ebenfalls protokolliert werden sollte, auch ohne die Gegenwart der Eltern geführt werden. In diesem Fall signalisieren die Anwesenheit von Klassenlehrer, Schulleitung und die Abfassung des Protokolls, dass die Schule das Fehlverhalten ernst nimmt.

Stille Pause

 Besonders an Grundschulen ist diese Maßnahme verbreitet. Sie kann aber auch in der Sekundarstufe I durchgeführt werden. Wenn Schüler unsoziales Verhalten während der Pause zeigen, zum Beispiel Mitschülern wiederholt den Ball wegnehmen, bewusstes Foulspielen bei Sportarten, bei Schlagen, Schubsen oder Beschimpfen während der Pause, kann diese Sanktion ausgesprochen werden, wobei der betroffene Schüler während der großen Pause nicht auf den Schulhof darf, sondern diese sitzend, allein, ohne MP3-Player oder Handy, in einem gesonderten Raum oder Flur verbringen muss.

 Zunächst einmal muss die Schule einen **geeigneten Raum** haben, der ohne großen Aufwand beaufsichtigt werden kann. Auch müssen Kollegen eingeteilt sein, die gegebenenfalls den Schüler beaufsichtigen.

 Die „Stille Pause" wirkt nur, wenn nicht zu viele Schüler gleichzeitig betroffen sind. Sonst verabreden sich die Störer der Schule zum fröhlichen Austausch in der großen Pause. Es ist auch darauf zu achten, dass die Schüler sich nicht mit Comics oder technischem Gerät die Zeit vertreiben. Die Strafe wird dann nicht als Strafe empfunden, sondern als exklusive Pause.

 Die Sanktion kann unmittelbar ausgesprochen werden, auch während der laufenden Pause: *„Für dich ist jetzt die Pause zu Ende. Du weißt, dass hier das Schlagen verboten ist. Also musst du jetzt den Schulhof verlassen. Das Gleiche gilt auch für die nächsten zwei Tage, für alle Pausen."* Die Strafe verlangt, von den oben genannten Voraussetzungen abgesehen, nur einen **geringen Aufwand**. Sie steht in unmittelbarer Beziehung zu dem Fehlverhalten.

Diese Strafe wird von jüngeren Kindern deutlich und als unangenehm empfunden, weil sie ihren Bewegungsdrang einengt. Gleichzeitig ist es ärgerlich, aus einem Spiel oder einer anderen Pausenaktivität herausgerissen zu werden und stattdessen Langeweile zu empfinden. Deshalb sollte diese Sanktion nur für eine **begrenzte Zeit** ausgesprochen werden (drei Tage sind schon viel). Grundschullehrer berichteten mir, dass die Stille Pause, wenn sie als Sanktion bei vorher definierten Regelbrüchen unmittelbar verhängt wird, erkennbar dazu beigetragen habe, aggressive Übergriffe während der Pausen zu reduzieren.

Sonderarbeiten, auch Strafarbeiten genannt

 Diese pädagogische Allzweckwaffe ist die wohl am häufigsten angewandte Form schulischen Strafens. Sie wird bei Störungen, Lernversäumnissen, nicht erledigten Hausaufgaben, Verschmutzen der Klasse, unerlaubtem Verlassen des Schulhofes ausgesprochen – und bei weiteren, in der Regel weniger dramatischen Formen des Fehlverhaltens.

 Die Beliebtheit dieser Sanktion bei Lehrern beruht auch darin, dass sie uns Pädagogen nur **wenig Mühe** macht. Man muss nicht einmal unbedingt die extra angefertigten Elaborate durchlesen. Viele Kollegen begnügen sich da mit einem flüchtigen Blick.

 Abgesehen von der **als gering einzustufenden Wirksamkeit** der Sonderarbeit, bringt diese scheinbar simple Strafe einige Probleme mit sich. Wurde sie einmal als Konsequenz einer Störung ausgesprochen, besteht die Gefahr, dass nun jede Kleinigkeit sanktioniert wird. Man ist nicht mehr Lehrer, sondern Streifenpolizist, der nach Parksündern Ausschau hält. Haben Sonderarbeiten einen geringen Umfang, werden sie von den Schülern nicht als Strafe empfunden. *„Die fünf Sätze schreib ich in drei Minuten runter."* Ist ihr Umfang zu groß, werden sie schnell als Schikane wahrgenommen. *„Wegen einmal mit meinem Nachbarn reden, soll ich fünf Seiten schreiben?"*
Viele Sonderarbeiten werden als Schikane wahrgenommen, besonders, wenn sie Abschreibarbeiten sind, die im Regelfall auch vom Schulgesetz her nicht gestattet sind.

Eine fantasielose Maßnahme ist der Auftrag, ein **Stundenprotokoll** anzufertigen. Das sollte aber vom Lehrer gründlich gegengelesen und bei sachlich erheblichen Fehlern vom Schüler nachgearbeitet werden. Allerdings ist hier unbedingt darauf zu achten, dass der Schüler das Protokoll nicht schon während der laufenden Stunde anfertigt.

Mehr an Überlegung verlangen Sonderaufgaben, die bezogen auf ein Fehlverhalten erteilt werden. Folgende Beispiele zeigen, wie solche Themenstellungen formuliert sein können:

„Wie soll dein Lehrer mit deinen Unterrichtsstörungen umgehen?",

„Wie wirkt es auf deinen Mitschüler, wenn du ihn als ... beschimpfst?"

„Erläutere den Sinn der von dir gebrochenen Klassenregel."

Aber auch, wenn Sie mal vom Lärm in der Klasse genervt sind. Seien Sie vorsichtig und zurückhaltend mit dem Verteilen von Sonderarbeiten. Sie rutschen dabei in die Rolle des Wachmanns, und was noch zu bedenken ist: Eine Klasse ist keine Friedhofshalle.

 Diese Sanktion lässt sich unmittelbar und ohne großen Aufwand für den Lehrer verhängen. **Fehlverhalten und Sanktionen** können durch eine entsprechende Aufgabenstellung in einen **direkten Zusammenhang** gebracht werden. Manchmal gelingt es so, dass der Schüler sein eigenes Verhalten kritisch reflektiert.

 In vielen Klassen gehen Schüler sehr routiniert mit Strafarbeiten, wie sie von ihnen genannt werden, um. Wenn sie inflationär ausgesprochen werden, werden sie wohl als lästig empfunden, die pädagogische Wirkung sollte man nicht überschätzen.

Entschuldigungsbrief an einen Mitschüler oder an einen Lehrer

 Ein Entschuldigungsbrief kann immer dann Sinn machen, wenn es vorher zu einem nicht als harmlos zu bezeichnenden **persönlichen Übergriff** gekommen ist, gleichgültig, ob er gegen einen Schüler oder gegen einen Lehrer unternommen wurde. Auch Lehrer haben einen Anspruch darauf, respektiert zu werden. Und dieser Anspruch ist durchzusetzen. Allerdings sollte ein Entschuldigungsbrief nur als Sanktion in Betracht gezogen werden, wenn es eine **klare Täter-**

Opfer-Relation gibt. Bei Streitereien zwischen Cliquen sollte er in der Regel nicht verlangt werden.

 Von einem Schüler zu verlangen, einen Entschuldigungsbrief zu verfassen, ist nur möglich, wenn das Fehlverhalten eindeutig festgestellt worden ist. Weitere Voraussetzungen müssen nicht erfüllt werden. Auch dieses Sanktionsmittel ist nicht problemlos einzusetzen. Wird vom Lehrer ein Entschuldigungsbrief erzwungen, wird also Druck ausgeübt, kann sehr schnell eine **geheuchelte Haltung** provoziert werden. Der Schüler muss sich ja entschuldigen, und es ist sehr schwer festzumachen, ob die Entschuldigung ehrlich gemeint ist. Kluge und zugleich uneinsichtige Schüler können einen Brief verfassen, in dem die eigene Schuld und das Bedauern über ein Fehlverhalten ironisch übertrieben werden. Wenn die Schüler dann ein solches Schreiben auch noch in der Klasse vorlesen, haben sie die Lacher auf ihrer Seite, und die Maßnahme erreicht ihr Gegenteil. Um das zu vermeiden, sollten Sie vorher mit dem zu sanktionierenden Schüler ein Gespräch führen, das ihm sein Fehlverhalten verdeutlicht und dabei zugleich herausfindet, ob eine **Grundeinsicht** vorliegt, die Basis für eine echte Entschuldigung ist.

Damit der Entschuldigungsbrief nicht runtergeschludert und als Forum für Witzchen missbraucht wird, sollte jeder Entschuldigungsbrief nach **folgendem Muster** verfasst werden:

➤ Name, Klasse:

➤ Worin meine Fehlverhalten gegenüber … besteht.

Beschreibe genau, was du getan hast (also nicht „Ich habe … geärgert, sondern: „Ich habe Sachen versteckt, ihn in Gegenwart anderer Schüler mit den Worten … beschimpft.")

➤ So sehe ich mein Verhalten heute.

➤ So werde ich mich gegenüber … zukünftig verhalten.

➤ Meine persönliche Bitte an … um Entschuldigung.

Der Schüler, der den Übergriff begangen hat, wird in **direkten Kontakt zu seinem Fehlverhalten** gebracht, er muss dieses rückwirkend bewerten. Das Opfer, das den Brief erhält, kann eine gewisse Sicherheit gewinnen, dass sich die Übergriffe nicht wiederholen werden. Im günstigsten Fall wirkt sich der Brief positiv auf die Beziehung zwischen den Kontrahenten aus.

 Die schriftliche Darstellung zwingt zu einem **genauen Blick**. Es ist auch unangenehm, ein Fehlverhalten exakt darzustellen. Wer schreibt schon gerne, dass er jemanden ohne Anlass ins Gesicht geschlagen hat? Auch die geforderte nachträgliche Bewertung des eigenen Fehlverhaltens ist keine leichte Sache, die im Handumdrehen zu leisten ist. Das kann Einsichten hervorrufen. Die eigenständige, selbst formulierte **Festlegung von zukünftigem Verhalten** kann sich ähnlich positiv auswirken wie ein Schülervertrag. Zudem ist der Entschuldigungsbrief, wenn der Lehrer auf die Genauigkeit achtet, auch eine mühsame Angelegenheit. Deshalb sollte schon beim Aussprechen der Strafe geregelt sein, dass der Brief zuerst an den Lehrer geht, der ihn dann, nachdem er ihn kritisch gelesen hat – bei klaren Mängeln wäre dann eine Neufassung zu verlangen –, dem Opfer des Übergriffs aushändigt.

Öffentlich vorgelesen werden, sollten solche Briefe nicht. Das bedeutete eine Demütigung und Bloßstellung.

Mir ist jedoch ein Fall bekannt, in dem Entschuldigungsbriefe in der Schule öffentlich aushingen. Mir ist heute noch nicht klar, wie dies zu bewerten ist:

An einer Gesamtschule belastete ein sich wiederholendes Disziplinproblem Lehrer und Schülerinnen: Eine fünfköpfige Jungengang – die Schüler waren zwischen 14 und 15 Jahre alt – hatte ihre Aktivitäten darauf konzentriert, Mädchen, meist aus anderen Klassen, gewaltsam zu begrapschen. Die bisherigen Ermahnungen und Sanktionen blieben ohne Erfolg. Die ausgesprochenen Strafen wurden eher wie Tapferkeitsmedaillen öffentlich gemacht. Bis es zu einem noch härteren Übergriff kam, als die Fünf einer Schülerin mit Gewalt den BH auszogen. Die Schule erzwang ein Gespräch mit den Eltern aller Beteiligten und stellte die Eltern vor die Alternative: Die Schule sei nicht mehr bereit, die dauernden Übergriffe hinzunehmen. Sie werde eine Strafanzeige bei der Polizei machen, denn die Schüler seien strafmündig. Es sei denn, jeder Täter würde einen ausführlichen Entschuldigungsbrief schreiben, mit seinem Bild und Namen versehen. Diese Briefe würden kopiert und an verschiedenen Stellen der Schule für einen Monat aufgehängt werden.

Der Projektleiter ließ die Eltern alleine die Entscheidung zwischen Anzeige oder öffentlicher Entschuldigung treffen. Sie fiel schnell.

Bei einem Besuch dieser Schule habe ich die Briefe gelesen. In diesem Fall hatte sich die Sanktion als sehr erfolgreich herausgestellt. Die Übergriffe fanden ein jähes Ende. Die Mädchen der Schule berichteten dazu übereinstimmend, dass seit der Veröffentlichung der Briefe generell sexistische Belästigungen nicht mehr stattfanden. Zumindest galt das für einen längeren Zeitraum.

Diese Maßnahme stellt mindestens einen rechtlichen Grenzfall dar. Bevor man zu ähnlichen Mitteln greift, sollte man sich unbedingt bei der vorgesetzten Behörde absichern.

Strafen, die Empathie hervorrufen können

 Der Anlass für diese Sanktionen soll nicht in bestimmten Formen von Fehlverhalten gesucht werden, sondern in der Person des zu Sanktionierenden. Besonders im Zusammenhang mit schulischem Mobbing ist mir ein Persönlichkeitsmerkmal aufgefallen, das viele aggressive Mobber verbindet: die fehlende Fähigkeit oder die fehlende Bereitschaft, sich in eine andere Person zu versetzen.

Dennis, der einen Referendar immer wieder vor der Klasse so weit gereizt und lächerlich gemacht hatte, dass diesem die Tränen kamen, reagierte auf meine Aufforderung, sich zu überlegen, wie er sich in der Situation des jungen Kollegen fühlen würde, mit Achselzucken: *„Kann ich nicht. Ich bin doch kein Pauker."*

Die Unfähigkeit, empathisch zu empfinden, bedeutet auch, dass solche Personen in der Regel kein Schuldempfinden entwickeln, wenn sie einen anderen verletzen: *„Wenn der sich das gefallen lässt, ist doch sein Problem."*

Empathisch zu handeln und zu denken, ist eine Fähigkeit, die sich teilweise erlernen lässt. Man sollte sich hüten, die positiven Konsequenzen von Sonderaufgaben zu überschätzen, aber ein Versuch, mit Hilfe von Sanktionen **empathisches Empfinden** anzustoßen, kann nicht schaden.

Ein gängiges Mittel, empathisches Denken einzufordern, sind Aufsätze, in denen Täter die Rollen ihrer Opfer übernehmen. Die Aufgabenstellung sollte möglichst konkret an das Fehlverhalten angebunden werden. Die Themen könnten dann folgendermaßen lauten:

- ✗ „Wie erlebe ich als Richard (das Opfer) meinen Mitschüler … (den Täter)?"
- ✗ „Ein Gespräch in der Schule: Wie spricht mein Lehrer mit meinen Eltern über mich?"
- ✗ „Meine Klasse mobbt mich. Wie sieht für mich ein Schultag aus? Was erlebe ich?"

In meinen Augen ungewöhnlich, aber nach Auskunft eines Kollegen erfolgreich, ist die folgende Aufgabenstellung:
„Male ein Bild: So sieht dich Richard"

Empathie kann auch über einen **Rollentausch** erreicht werden. Sie fordern den Betreffenden auf, in die Rolle Richards zu schlüpfen, während Sie ihn mit seinen Methoden angreifen. Das ist aber nur möglich, wenn Sie den Sachverhalt und die Methodik des Schülers kennen und sich selbst zutrauen, das Gespräch glaubhaft aggressiv durchführen.

> Lehrer: *„Hör mal, mit den Klamotten tauchst du in unserer Klasse auf. Ist dir das nicht peinlich?"*
> Schüler, in der Rolle von Richard: *„Wieso peinlich?"*
> Lehrer: *„Das ist das Billigste vom Billigen. Du hast ja überhaupt keinen Stil. Schlimm, dass man dir das noch erklären muss …"*

Bei Mobbing und vielen Übergriffen ist diese Sanktion zu schwach. Hier handelt es sich mehr um eine pädagogische Maßnahme, die im Rahmen einer Sanktion als zusätzliche Aufgabe eingesetzt werden kann. Eine Aufgabenstellung, die konkrete Einsicht in eigenes Fehlverhalten hervorrufen soll, kann nur ihren Zweck erfüllen, wenn genaue Kenntnisse über die Übergriffe vorliegen.

Wie bei vielen erzieherischen Maßnahmen ist auch hier die Gefahr groß, dass Einsicht vorgeheuchelt und Betroffenheit gespielt wird. Eine erfolgreiche **Heuchelei** kann zu einem Triumphgefühl führen: *„Der ist aber auf mich reingefallen, ist der Pauker blöd!"* Und dieses Gefühl von Überlegenheit kann die Grundlage neuer Übergriffe werden.

 Auch hier ist der **Arbeitsaufwand** für einen Sanktionierenden begrenzt: Gelingt das Konzept, ist die Sanktion eine wirkliche Hilfe für die Persönlichkeitsentwicklung. Auch hier steht die Sanktion in engem Bezug zum Fehlverhalten, das durch den erzwungenen Rollenwechsel in einer Außensicht erfahrbar wird.

 Wenn eine **Fremdsicht auf eigenes Verhalten** gelingt, kann sie zu dessen Korrektur beitragen. *„So wirke ich also auf andere?"* Selbstdistanz und empathisches Verhalten hängen eng zusammen. Beide führen zu sozial verträglicheren Verhaltensweisen.

Konfrontation vor der Klasse

 Eine **öffentliche Konfrontation** ist ein problematisches Sanktionsmittel. Es gibt aber Situationen, in denen sie sinnvoll ist. Wenn jemand beispielsweise in der Klasse wiederholt Lehrer oder Mitschüler angreift, lächerlich macht oder belästigt, also selbst öffentlich agiert und damit auch den Umgangsstil in der Klasse beeinflusst.

Eine Kollegin berichtete mir folgenden Vorfall:
Vor einiger Zeit musste sie in einer 7. Klasse im Fach Deutsch einen langfristig erkrankten Kollegen vertreten. Bereits in der 1. Stunde fiel ihr auf, dass Fehlleistungen von mehreren Schülern hämisch und unüberhörbar kommentiert wurden. Besonders tat sich dabei Jannis hervor, ein Junge, der in der zweiten Reihe saß und sich nach jedem Kommentar Bestätigung suchend umdrehte. Die Kollegin bat ihn, die Kommentare auf Kosten von Mitschülern einzustellen. Vergeblich. Mit lautem, demonstrativem Lachen ergötzte er sich an einer fehlerhaften Antwort. Die Aufforderung der Kollegin wurde schärfer – ohne Erfolg. Jannis schien seine Attacken lieb gewonnen zu haben, denn als einer Mitschülerin ein Versprecher unterlief, kicherte er de-

monstrativ und kommentierte: *„Nicht mal richtig sprechen kann die, und das in der 7. Klasse. Peinlich, peinlich."*

Die Kollegin war die Ruhe selbst. *„Jannis, steh doch bitte auf und komm nach vorne."* – *„Warum denn?"* Der Junge zeigte eine Spur von Unsicherheit. *„Das erkläre ich dir gleich. Komm bitte nach vorne."* Zögernd erhob sich Jannis, blickte sich um. Aber aus der Klasse kam keine Unterstützung.

„Ich habe dich zwei Mal aufgefordert, Kommentare über die Fehler von Mitschülern einzustellen. Aber du machst einfach weiter." – *„Ist doch lustig."* – *„Sagen wir so: Du findest es lustig. Deine Mitschüler, die etwas Falsches sagen, wohl weniger."* Jannis wirkte unbehaglich. *„Kann ich mich wieder setzen?"* – *„Nein."* Die Lehrein ließ sich Zeit, bevor sie fortfuhr: *„In der kurzen Zeit, in der ich in der Klasse bin, hast du dich drei Mal laut über die Fehler von Klassenkameraden lustig gemacht, sogar gegen meine ausdrückliche Anweisung. Ich würde gerne wissen, was dir das bringt?"* – *„Wie bitte?"* Die Verunsicherung war Jannis deutlich anzusehen. *„Was hast du davon, wenn du Mitschüler lächerlich machst, vor der ganzen Klasse?"* – *„Eh, weiß ich nicht."* – *„Mach es dir nicht so leicht. Du bist doch ein kluger Junge. Und du weißt nicht, weshalb du etwas tust? Denke doch mal nach."* – *„Vielleicht, weil es mir Spaß macht."* – *„Hm, verstehe ich nicht. Ein anderer macht einen Fehler, und du stellst ihn bloß. Wo liegt da der Spaß?"*

Hier brach die Kollegin das Gespräch ab, weil Jannis inzwischen rot geworden war und sie ihn nicht weiter bloßstellen wollte, wandte sich aber abschließend an die ganze Klasse: *„Es geht nicht darum, dass man hier nicht über einen Unsinn gemeinsam lachen darf. Es geht mir darum, dass ich nicht will, dass in meinem Unterricht jemand ausgelacht wird. Und das gilt ab jetzt für alle: Jeder, der in meinen Stunden einen Mitschüler auslacht, bekommt Ärger."*

Die Konfrontation vor der Klasse hatte gewirkt. Jannis machte sich nicht länger über seine Mitschüler lustig – zumindest nicht in den Stunden der Kollegin.

 Die **öffentliche Konfrontation** sollten Sie nur eingehen, wenn Sie es sich zutrauen, wenn sie selbstsicher agieren. Auch muss der Anlass eindeutig geklärt sein. Nicht jedes Lachen ist ein Auslachen.

Die Gefahr einer Konfrontation liegt in der **Gegenaggression**, dass Sie Gleiches mit Gleichem vergelten, sodass der Täter zum Opfer wird – zu Ihrem Opfer. Allerdings müssen sich Schüler, die öffentlich über Mitschüler oder Lehrer herziehen, gefallen lassen, dass man sie öffentlich in ihre Schranken weist.

 Eine Konfrontation vor der Klasse kann spontan und fallbezogen erfolgen. Sie ist nicht nur auf einen Einzelnen bezogen, sondern wirkt auf die Umgangsformen der gesamten Lerngruppe.

 Ist die Konfrontation zu scharf und zu aggressiv, kann sie als negative Folge eine allgemeine **Einschüchterung und Angst** hervorrufen. Ist sie aber präzise und auf das Fehlverhalten bezogen, kann sie der Klasse **klare Werthaltungen** vermitteln und Sicherheit vor Übergriffen geben (*„Unser Lehrer lässt nicht zu, dass jemand runtergemacht wird"*) und damit Kommunikationsstile beeinflussen. Wenn sie gelungen ist, spiegelt sie dem Schüler, der den Übergriff begangen hat, das eigene Verhalten. Und die durchaus nicht immer angenehme Konfrontation kann ihn dazu bringen, dieses Verhalten abzulegen.

Zusätzliche Dienste, wie die Klasse reinigen, streichen oder Schulhofdienste

 Wenn Schüler einen überschaubaren Schaden verursacht haben, macht es Sinn, dass sie den Schaden wiedergutmachen. Das kann durch zusätzliche Dienste geschehen.

 Eine Voraussetzung besteht darin, dass die Schüler auch **genügend Kenntnisse und Fähigkeiten** haben, um die zu leistenden Dienste auch kompetent durchführen zu können. Bei allen Diensten, die außerhalb der Schulzeit durchzuführen sind, müssen die Eltern vorher informiert werden. Die Dienste dürfen nicht erniedrigend sein und sollten in einem engen Zusammenhang mit dem Fehlverhalten stehen.

 Alle Extradienste, die als Sanktion ausgeführt werden, sollten beaufsichtigt und kontrolliert werden. Das bedeutet **zusätzliche Aufsicht**. Zusätzliche Dienste sind in der Regel mit organisatorischem Aufwand verbunden, auch die Kontrolle, ob sie sorgfältig erledigt wurden, ist mühsam und konfliktträchtig, besonders, wenn die Betroffenen den Dienst missmutig und widerwillig durchführen. Zwangsdienste können in den Einstellungen der Schüler auch einen ungewollten Nebeneffekt auslösen: Jede Arbeit für die Gemeinschaft könnte als Strafe empfunden werden.

 Der verursachte Schaden wird direkt wiedergutgemacht. Schüler lernen greifbar, dass es leicht ist, etwas zu stören, aber sehr mühsam, etwas wieder herzustellen.

 Die Schüler lernen, wie mühsam es ist, Dinge in Ordnung zu halten. Sie lernen so auch, dass es Sinn macht, mit den Gegenständen der Umgebung schonend umzugehen.

Nacharbeiten in der Schule (bei fehlender Hausaufgabe)

 Hausarbeiten gehören zu den Pflichten der Schüler. Jeder weiß das. Jeder weiß auch, dass dieser Pflicht nicht immer mit Enthusiasmus nachgegangen wird. Versäumte oder vergessene Hausaufgaben sollten grundsätzlich nachgereicht oder nachgearbeitet werden. Denn sonst sind die Fleißigen die Dummen – ein Effekt, der sicherlich nicht erzielt werden sollte. Auch sollte bei fehlenden Hausaufgaben nicht unterschieden werden zwischen „Heft vergessen" oder „nicht gemacht". Damit fällt diese Dauerausrede weg.

 Wenn Sie nicht in einer Ganztagsschule arbeiten, müssen die Eltern informiert werden, dass ihre Kinder die Hausaufgabe in der Schule nacharbeiten müssen. Dies sollte auch grundsätzlich am Anfang eines Schuljahres geklärt werden. Außerdem muss **eine Aufsicht und ein Arbeitsraum** gestellt werden. Hausaufgaben in der Schule nacharbeiten zu lassen, ist aufwändig.

 Das Nacharbeiten ist nicht nur zeitaufwändig für Schüler, sondern auch für Lehrer. Außerdem kollidiert der Nachmittagstermin oft mit anderen Terminen, die häufig nicht zu verschieben sind. Konflikte sind hier vorprogrammiert. Auch besteht bei einer rigiden Handhabung der Hausaufgabenregelung die Gefahr, dass die Ursachen für Arbeitsprobleme nicht mehr gesehen werden. Nicht jede Hausaufgabe macht Sinn. Manchmal ist die **Weigerung**, eine bestimmte Hausaufgabe zu erledigen, klug. Deshalb schlage ich vor, das Nacharbeiten in der Schule nicht automatisiert zu verlangen, sondern nur, wenn fehlende Hausaufgaben ein Dauerproblem sind. Auch sollte vorher unbedingt herausgefunden werden, welche Ursachen dieses Verhalten hat.

 Wenn fehlende Hausaufgaben in der Schule nachzuarbeiten sind, macht es aus der Sicht eines Schülers keinen Sinn, diese nicht pflichtgemäß zu erledigen. Besonders, wenn der **Zeitaufwand**, den das Nacharbeiten in der Schule erfordert, größer ist. Bei Ganztagsschulen könnte die Sanktion darin bestehen, dass das überwachte Nacharbeiten der Hausaufgaben verknüpft wird mit einem Versäumen von attraktiven Beschäftigungen.

 Schüler tun viel dafür, um unangenehme, zusätzliche Arbeiten in der Schule zu vermeiden. Zur Not erledigen sie auch ihre Hausaufgaben. Diese Aussage lässt sich belegen durch die Ergebnisse, die wir mit der folgenden Regelung erzielten:
In Recklinghausen kooperieren die vier innerstädtischen Gymnasien eng, sodass man fast eine gemeinsame Oberstufe hat. Das erschwert die Kontrollen allgemein. Vielleicht hatten wir deshalb ein erhebliches Problem mit krankheitsbedingtem Nachschreiben der Klausuren in der Oberstufe. Dass nicht alle Versäumnisse auf Krankheitsfälle zurückzuführen waren, offenbarte eine Neuregelung. Die Nachschreibklausuren wurden nicht mehr auf einen Schultag gelegt, was auch zu zusätzlichem Unterrichtsausfall geführt hatte, sondern die Klausuren mussten am unterrichtsfreien Samstag nachgeschrieben werden. Zu unserem Erstaunen reduzierte sich die Zahl der Nachschreiber um 75 Prozent gegenüber der früheren Regelung. Die Wirkung dessen, dass man fehlende Hausaufgaben in der Schule nachschreiben lässt, kann man sich vor diesem Hintergrund gut vorstellen.

Verspätungen ohne eine plausible, glaubwürdige Entschuldigung

Bei **wiederholten Verspätungen** kann man sehr unterschiedlich reagieren. Gerade bei jüngeren Schülern sollte bedacht werden, dass ihre Unpünktlichkeit meistens nicht alleine von ihnen selbst verantwortet werden muss. Die im Folgenden nur knapp skizzierten Maßnahmen sollten nicht nur von einem einzelnen Lehrer ergriffen werden, sondern als Konzept einer Schule verabschiedet werden.

Mögliche Maßnahmen

Der **Ausschluss von einer Stunde**, zu der man zu spät erscheint, bietet sich, wenn überhaupt, nur im Kurssystem der Oberstufe an. Dieses rigide Vorgehen verlangt, dass auch die Lehrer ihren Unterricht pünktlich beginnen. Sie hat durch ihr mechanisches In-Kraft-Treten den Nachteil, dass auch begründete Verspätungen sanktioniert werden. Zudem ist dieser Ausschluss rechtlich nicht haltbar, da Schüler ein **Recht auf Unterricht** haben.

Eine andere Möglichkeit habe ich an einer Hauptschule kennengelernt, die dort mit Erfolg praktiziert wird. Die Schule hatte das Problem, dass zur ersten Stunde regelmäßig fast 15 Prozent der Schüler zu spät erschienen. Deshalb entschlossen sich Rektor und Kollegium zu folgendem Vorgehen: Unmittelbar nach dem offiziellen Unterrichtsbeginn wird die Eingangstür der Schule abgeschlossen. Die Tür kann von innen jederzeit geöffnet werden. Wer jetzt noch erscheint, muss klingeln und sich anschließend beim Rektor oder Vertreter vorstellen und seine Verspätung begründen. Ist sich die Schulleitung sicher, dass Verspätungen auf die Eltern zurückzuführen sind, nimmt sie mit den Eltern Kontakt auf und macht ihnen deutlich, dass zur **Schulpflicht** – die ja einen juristischen Zwang beinhaltet – auch das pünktliche Erscheinen gehört. Die Zahl der Verspätungen sei seitdem erheblich zurückgegangen. Bei Glatteis und anderen Wetterproblemen wird das Schultor nicht abgeschlossen. Das Ganze hat den Nachteil, dass an jedem Morgen ein Kollege Verspätungsbereitschaft hat.

Ein Kollege des Fachbereiches Physik hatte einen Arbeitsraum, der aus baulichen Gründen bei Verspätungen mühsam zu erreichen war. Er musste – wenn er das Klopfen des Verspäteten überhaupt wahrnahm – einen längeren Gang entlanglaufen, um das Schnappschloss von innen zu öffnen. Er hatte deshalb Verspätungen satt. Ein Umbau kam wegen der knappen Mittel seiner Stadt nicht in Betracht. Also legte er zu Beginn des Schuljahres folgende Regelung fest: Da jeder, der zu einer Stunde verspätet erscheint, Unterricht versäumt, ist es die Pflicht eines Lehrers, darauf zu achten, dass das Versäumte gründlich nachgearbeitet wird. Das lässt sich am besten durch ein **ausführliches Unterrichtsprotokoll** erreichen, das mindestens drei Heftseiten umfassen muss. Da das Protokoll nicht als Strafe, sondern als Lernhilfe zu verstehen sei, sei es auch bei entschuldigten Verspätungen anzufertigen. Auch wenn die pseudopädagogische Begründung leicht zu durchschauen ist, war seine Regelung erfolgreich.

Mir erscheint es zweifelhaft, ob dieses Konzept gerade bei jüngeren Schülern erfolgreich ist. Denen ist eine Verspätung peinlich. Durch so ein Protokoll werden sie doppelt gestraft.

Eine Schule im Münsterland verlangt bei jeder Verspätung von den Eltern oder den volljährigen Schülern eine **schriftliche Entschuldigung**, die gegebenenfalls nachträglich einzureichen ist. Auch diese Maßnahme sei erfolgreich, so wurde mir berichtet.

Eine Deutschlehrerin wirkt Verspätungen damit entgegen, dass die Unpünktlichen auch in der Oberstufe einen Aufsatz schreiben müssen mit dem Thema: „Weshalb ich mich verspätet habe". Je älter die Schüler werden, desto länger müssen diese Aufsätze sein. Sie schwört auf ihr Konzept.

Viele Schulen notieren Verspätungen mit Hilfe eines **vorbereiteten Formulars**, das die Eltern der Schüler gegenzeichnen müssen.

Eine eigenständige Lösung präsentierte mir vor einiger Zeit ein Kollege, in dessen Kurs ich einen Vortrag über Mobbing halten sollte: *„Wir haben in unserer Schule ein sauberes System. Für jede Klasse und für jeden Kurs existieren Listen, in die jede Verspätung eingetragen wird, mit genauer Minutenzahl. Wenn 45 Minuten voll sind, müssen die Schüler die Zeit nacharbeiten!"* Der Mann war begeistert. Nur, während er feurig vom Vorteil dieses Systems erzählte, tröpfelten immer wieder vereinzelte Schüler in den Klassenraum – verspätet.

Vielen dieser aufgeführten Maßnahmen gegen Verspätungen stehe ich – wie man unschwer erkennen kann – skeptisch gegenüber. Vermutlich liegt es daran, dass ich in meiner Schule Glück habe: Wenn man selbst pünktlich den Unterricht beginnt, Verspätungen mit sichtbarem Missfallen kommentiert, kommen auch die Schüler pünktlich – meistens. Bei wiederholten Verspätungen hat es sich als erfolgreich erwiesen, wenn die Unpünktlichen schriftliche Mehrarbeit zu leisten hatten.

Täter-Opfer-Ausgleich

 Bei einem Täter-Opfer-Ausgleich geht es in erster Linie nicht um eine Sanktion, sondern darum, dass der Täter **Einsicht in sein Verhalten** gewinnt und die Beziehung zwischen dem Täter und seinem Opfer sich positiv entwickelt. Der Begriff weist schon darauf hin, dass die Rollen von Täter und Opfer klar sein müssen. Typische Beispiele dafür sind Mobbingprozesse in einer Klasse, die immer auf der Täter-Opfer-Relation basieren, oder Übergriffe von Älteren auf Jüngere, meist durch körperliche Gewalt.

 Auch hier benötigt der Lehrer **kommunikative Kompetenzen**. Er muss das Gespräch zwischen Opfer und Täter moderieren, wobei er Herunterspielen, versteckte Drohungen, geheuchelte Versprechen von Besserung und massive persönliche Angriffe zu unterbinden hat, was nicht leicht ist, wenn das Opfer dem Täter aus seiner Sicht schildert, wie es die Übergriffe empfunden hat.

Bei Mobbing in einer Klasse haben die Opfer oft nicht den Wunsch, sich mit dem Täter zu vertragen, sondern sie wollen lediglich von ihm in Ruhe gelassen werden. Dies sollte respektiert werden. Anders stellt sich die Sache bei Übergriffen von Älteren dar. Junge Schüler können sehr anschaulich schildern, wie hilflos sie Attacken ausgesetzt waren und wie sehr sie die Gemeinheiten, die hinter dem Quälen von Unterlegenen steckt, verachten. Der Täter-Opfer-Ausgleich sollte nicht ohne die **vertragliche Zusicherung** beendet werden, dass in Zukunft sämtliche Attacken unterbleiben. Dieser Ausgleich kann zusätzlich zu einer anderen Sanktion (etwa dem Verweis) durchgeführt werden.

Am Ende eines Täter-Opfer-Ausgleichs sollte immer eine **Entschuldigung des Täters** stehen und das glaubhafte Versprechen, dass sich seine Übergriffe nicht wiederholen werden.

 So ein Gespräch kann leicht aus dem Ruder geraten, weil die Betroffenen unter erheblichem emotionalen Druck stehen. Sieht sich der Täter – um bei dem Vokabular zu bleiben – unter den Zwang gestellt, mit dem Opfer zu reden, weil ihm sonst eine erhebliche Strafe droht, kann das Gespräch zur Farce werden.

Die unmittelbare Konfrontation mit dem Opfer, in der ihm anschaulich dargelegt wird, welche Ängste sein Verhalten hervorgerufen hat, kann in dem Täter **Empathie** hervorrufen und ihn zu einer Verhaltensänderung bewegen. Für das Opfer kann das Gespräch bedeuten, dass es seine Ängste verliert, es unter Umständen sogar lernt, sich fruher zu artikulieren.

Sondermaßnahmen: Heimschicken von einer Klassenfahrt

Einen Schüler von einer Klassenfahrt frühzeitig nach Hause zu schicken, fällt niemandem leicht. Wird ein Schüler frühzeitig heimgeschickt, zerstört das die Stimmung für alle. Der Anlass für so eine harte Maßnahme muss schwerwiegend sein: Es muss immer ein **gravierender Verstoß** vorliegen. Gravierende Verstöße können z.B. der Konsum von Drogen sein. Über die Gründe für das Heimschicken müssen die Eltern zuvor informiert werden.

Ein Freund von mir ist Hauptschullehrer. Mit seiner 10. Klasse befand er sich auf einer Abschlussfahrt in Holland. Nachts um drei Uhr wurde er durch lautes Kichern und andere Geräusche geweckt. Er ging der Lärmquelle nach. In ein 4er-Jungenzimmer hatten sich zwei Mädchen einquartiert. Die Luft im Zimmer roch nach Rauch und Cannabis. Die Jugendlichen hatten eindeutig Cannabis konsumiert. Ehe der Kollege etwas sagen konnte, wurde ihm vom „Leitwolf" des Zimmers mitgeteilt: *„Eh, Alter, mach dich vom Acker. Du störst."* Der Rest kicherte.

Der Alte machte sich nicht vom Acker. Sehr nachdrücklich brachte er die Sechs dazu, die Sachen zu packen, und eine halbe Stunde später saßen alle in einem Kleinbus Richtung Ruhrgebiet, gesteuert von einem wild entschlossenen Lehrer, der es sich nicht nehmen ließ, jedes Elternteil aus dem Schlaf zu klingeln und jeden Drogenkonsumenten persönlich bei den Eltern abzugeben, begleitet von einer anschaulichen Schilderung und einem Voranschlag, der die Kosten der frühzeitigen Heimreise berechnete.

Die Klassenfahrt verlief danach ungetrübt. Bei der offiziellen Verabschiedung bedankte sich übrigens einer der Heimgeschickten bei seinem Lehrer: *„Das haben sie klasse gemacht. Danke, das habe ich damals gebraucht."*

Vor einer Klassenfahrt ist unbedingt zu klären, welche Grenzen gesetzt werden. Einige Oberstufenschüler hängen dem Glauben an, dass man ihnen auf so einer Fahrt nichts sagen dürfe, da sie ja volljährig seien. Dies ist ein Irrglaube. Die **Regeln einer Klassenfahrt** legen die Schule und der sie durchführende Lehrer fest. Lassen Sie sich vor jeder Klassenfahrt ein **Merkblatt** unterschreiben, auf dem festgehalten wird, dass Verstöße gegen die getroffenen Regelungen zu einem frühzeitigen Ausschluss von der Klassenfahrt führen können und dass die zusätzlichen Kosten von den Eltern aufzubringen sind.

 Der Ausschluss eines Schülers oder einer Schülergruppe beeinflusst die ganze Gruppe negativ. In einigen Fällen, so ist mir berichtet worden, machten Eltern Schwierigkeiten, die zusätzlichen Kosten zu begleichen. Ein frühzeitiges Heimschicken ist auch organisatorisch nicht immer möglich, weil Bahnverbindungen kompliziert sind oder dem Ort die Anbindung an öffentliche Verkehrswege fehlt. Der Ausschluss von einer laufenden Klassenfahrt muss eigentlich immer durch ein erhebliches Fehlverhalten begründet sein, das eine Ordnungsmaßnahme nach sich zieht.

Wenn der Ausschluss von einer Klassenfahrt unvermeidlich wird, wie etwa im Falle eines Diebstahls, sollten Sie umgehend die Schulleitung anrufen und mit ihr den Fall klären und anschließend die Eltern des betroffenen Schülers verständigen und ihnen auch die Modalitäten der Rückreise vermitteln.

Ziehen Sie bei einem klaren Fehlverhalten nicht die **rote Karte**, kann es Ihnen passieren, dass der nächste Schüler genau denselben Unfug begeht und Sie mit dem Hinweis konfrontiert: *„Andere werden wegen so etwas auch nicht nach Hause geschickt."*

Hier hilft eine vor der ganzen Gruppe ausgesprochene **öffentliche Warnung**, wie ein Kollege auf einer Skifahrt von Schülern der Klasse 8 demonstrierte. Trotz strikten Alkoholverbotes hatten Fabian und André versucht, eine kleine Flasche Schnaps zu leeren. Das Vorhaben misslang, weil die Mägen beider rebellierten. Das Gewürge auf der Toilette wies den Kollegen auf den traurigen Zustand der beiden hin. Er zwang sie, sich in den Aufenthaltsraum zu setzen, der Kollege holte die ganze Klasse dazu, die verstört die bleichen Mitschüler begutachtete. *„Soll ich die beiden jetzt nach Hause schicken?"* Die Frage erntete Kopfschütteln und leisen Widerspruch. *„Wenn ich das nicht tue, besäuft sich morgen der Nächste. Und den kann ich dann auch nicht nach Hause schicken."*

Die Klasse legte sich, wie erwartet, für die beiden Trinker ins Zeug und versprach, keinen Alkohol mehr zu trinken. Niemand wollte aus einer einmaligen Strafaussetzung für sich ein Recht auf Rausch ableiten. Vor der Klasse wurden die Alkoholkonsumenten mit einem zweitägigen Pistenverbot belegt. In der Zeit hatten sie alle Dienste im Hause zu verrichten. Das aber bekamen die beiden zu diesem Zeitpunkt nicht mit – sie mussten gerade wieder die Toilette aufsuchen.

 Auf die Mitschüler wirkt eine solche Maßnahme einschüchternd, sodass dieses Fehlverhalten nicht mehr auftritt. Regeln werden als verbindlich wahrgenommen. Allerdings erinnert man sich an eine deutlich getrübte Klassenfahrt. Auch bei den Heimgeschickten wird sich eine ähnliche Wirkung einstellen. Selten empfanden sie die Strafe als ungerecht.

Baum bewachen

Diese Strafe steht beispielhaft für eigenwillige, ungewöhnliche, aber durchaus wirksame Sanktionen.

 Die Anlässe für diese Form einer Strafe lassen sich nicht verallgemeinern. Sie ergeben sich aus der Situation heraus. Der nun geschilderte Fall soll Sie lediglich ermutigen, nach eigenständigen, der Situation angemessenen Sanktionen zu suchen.

Bei außerschulischen Projekten gibt es immer wieder sonderbare, nicht vorhersehbare Konflikte. Eine 8. Klasse sollte auf dem Schulbauernhof bei der Kartoffelernte helfen. Ein mühsames Unterfangen, das aber den Stadtkindern viele neue Eindrücke und Erfahrungen vermittelte. Bülent legte keinen Wert auf neue Eindrücke: *„Das ist Sklavenarbeit. Sie können mich nicht zu dieser dreckigen Sklavenarbeit zwingen. Ich lasse mich nicht versklaven. Ich nicht."* – *„In Ordnung!"*, kam ihm der Sozialarbeiter des Schulbauernhofes entgegen. *„Ich habe*

etwas für dich, wo du nicht arbeiten musst. Komm mit." Er führte Bülent in den etwas abgelegenen Obstgarten. *„Hier, die Äpfel sind bald reif. Du sollst sie bewachen, damit die Vögel sie nicht anfressen. Ich hole dir einen Stuhl, damit du es ganz bequem hast. Und jetzt musst du nur die Äpfel bewachen. Mehr nicht."*

Der verdatterte Bülent blieb allein im Obstgarten zurück. Er saß ohne MP3-Player, ohne Handy auf dem Stuhl. Von Weitem hörte er Gelächter seiner Klassenkameraden. In der Mittagspause – Bülent wurde das Essen gebracht, damit die Vögel seine Abwesenheit nicht zu einem Totalangriff auf die Obstbestände ausnutzten – entwickelte sich bei Bülent der dringende Wunsch, bei der Kartoffelrnte zu helfen. Damit aber musste er bis zum nächsten Tag warten. Nun holte er mit Feuereifer Kartoffeln aus dem Erdreich.

Anzeige erstatten

Obwohl zuvor schon auf die Grenzen schulischer Sanktionen hingewiesen wurde, soll hier noch einmal darauf hingewiesen werden, dass **Strafanzeigen** in bestimmten Fällen unerlässlich sind.

 Mit Ausnahme von Bagatelldelikten sollte eine Schule alle eindeutig **kriminellen Verhaltensweisen** anzeigen.

 Diese Voraussetzungen sind erfüllt, wenn der Schule ein entsprechender Tatbestand bekannt geworden ist. Schulen, die in Problembezirken arbeiten, sollten ihre Schüler präventiv darauf hinweisen, dass kriminelle Handlungen zur Anzeige gebracht werden.

 Schulen, die mit Strafverfolgungsbehörden zusammenarbeiten, können sich den Vorwurf einhandeln, unpädagogisch vorzugehen. Die **Außenwirkung einer Schule** leidet unter diesem klaren Vorgehen in der Regel nicht, auch wenn es von betroffener Seite gerne suggeriert wird, um eine Anzeige zu verhindern. Schulen müssen unter Umständen mit erheblichem Druck von Eltern rechnen: *„Können Sie das Problem nicht intern lösen?"* – *„Unsere Tochter wird schon ärztlich betreut. Eine Anzeige würde alles kaputt machen."* – *„Wenn Sie mein Kind anzeigen, werden Sie sich noch wundern."* – *„Sie müssen vor Ihrem Ge-*

wissen verantworten, was Sie da anrichten. Sie machen unserem Sohn das Leben kaputt."

Leider arbeitet die Justiz nicht schnell. Der Zwischenraum zwischen Anzeige und Maßnahme ist groß. So kann die erhoffte Wirkung einer Anzeige lange auf sich warten lassen oder ganz ausbleiben.

 Die Schule wird von Problemen entlastet, die sie allein nicht lösen kann. Zusätzlich gibt es eine abschreckende Wirkung. Viele Schüler, die kriminelle Handlungen begehen, verlassen sich darauf, dass der Fall schulintern geregelt wird. Gelegenheitsdealer, die auf dem Gelände ihrer Schule Haschisch verkaufen, äußerten einmal: *„Wenn wir hier erwischt werden sollten, gibt es einen Verweis, mehr nicht. In der Stadt wäre es schlimmer."*

Eine Strafanzeige hat dagegen eine **klare Signalwirkung**. Sie schreckt ab. Außerdem kann sie dazu beitragen, Rechtsbewusstsein zu schärfen.

Ordnungsmaßnahmen

Alle Ordnungsmaßnahmen unterliegen einem **klaren Rechtsrahmen**. Das bedeutet, dass sämtliche formalen Vorgaben einzuhalten sind. Sonst kann jeder Beschluss durch einen entsprechenden Einspruch gekippt werden. Ordnungsmaßnahmen sollen nur ergriffen werden, wenn ein erhebliches Fehlverhalten vorliegt. Sie müssen nicht in einer bestimmten Abfolge verhängt werden.

Klassenkonferenz

Allein die **Einberufung einer Klassen- oder Disziplinarkonferenz** ist eine Strafe. Jeder Betroffene weiß, dass er sich eine unangenehme Befragung durch mehrere Lehrer stellen muss, wobei sein Fehlverhalten ausführlich besprochen und bewertet wird. Auch weiß er, dass eine Klassenkonferenz Sanktionen aussprechen kann, obwohl Eltern und Schüler die Möglichkeiten einer Klassenkonferenz überschätzen.

Eine Klassenkonferenz darf nicht wegen Kleinigkeiten einberufen werden, sondern es muss eine erhebliche Beeinträchtigung schulischer Belange vorliegen.

 Eine Klassenkonferenz muss gründlich vorbereitet werden. Alle Teilnehmer müssen rechtzeitig schriftlich eingeladen worden sein. Ein Rechtsbeistand ist nicht Teilnehmer dieser Konferenz, wohl aber Eltern und Elternvertreter. Jede Klassenkonferenz bedeutet **Mehrarbeit**. Neben den organisatorischen Anforderungen wird die Konferenz im Regelfall inhaltlich vom Klassenlehrer vorbereitet. Er stellt zunächst den Sachverhalt dar. Die Konferenz wird von der Schulleitung einberufen. Jeder Lehrer hat das Recht, die Einberufung vorzuschlagen. Nur sollte man dies nicht als Reflex auf eine erfahrene Kränkung tun, sondern man sollte sich vorher klarmachen, welche **Ziele** man mit der Konferenz erreichen möchte.

 Wenn der Tatbestand nicht sauber geklärt worden ist, kann eine Klassenkonferenz nicht erfolgreich arbeiten, besonders, wenn die beteiligten Lehrer den Sachverhalt und das Verhalten der Schüler kontrovers bewerten. Es ist damit zu rechnen, dass Eltern rückhaltlos Partei für ihre Kinder ergreifen und nach pädagogischen Fehlern der beteiligten Lehrer suchen. Klassenkonferenzen können so Gräben aufreißen und Fronten schaffen.
Wenn Eltern auf Nebenkriegsschauplätze ausweichen (*„Herr ... bewertet viel zu streng"*), muss die Schulleitung eingreifen: *„Wenn sie Beschwerden über Kollegen haben, bin ich gerne bereit, mich nach der Konferenz oder in meiner Sprechstunde mit Ihnen zusammenzusetzen, aber ich möchte Sie nachdrücklich bitten, sich nur auf das zu beschränken, was Gegenstand der Konferenz und für diesen Vorfall wichtig ist."*
Peinlich wird es allerdings, wenn sich das **Fehlverhalten eines Kollegen** auf den Vorfall bezieht. Ein Lehrer, der im Rahmen einer Klassenfahrt von einem Schüler als „betrunkener Idiot" beschimpft worden ist, sollte besser keine Konferenz einberufen, wenn er zumindest dem ersten Teil der Aussage entsprach.

 Wenn die Klassenkonferenz gut vorbereitet wurde und ein wirkliches Fehlverhalten vorliegt, kann sie wie ein reinigendes Gewitter wirken.

Die Schule macht dem Betroffenen, seinem Umfeld und der ganzen Klasse klar, dass sie nicht bereit ist, bestimmte Verhaltensweisen hinzunehmen. Auch bewirken Klassenkonferenzen, dass die Kollegen sich pädagogisch austauschen, unter Umständen sogar gemeinsame Strategien für den Umgang mit der Klasse entwickeln. Eine Klassenkonferenz kann darauf verzichten, Ordnungsmaßnahmen auszusprechen und sich auf **erzieherische Maßnahmen** beschränken. Möglich ist auch, dass sie keine weiteren Maßnahmen empfiehlt. Dann hat sie sich als überflüssig und schlecht vorbereitet erwiesen.

Verweis

Der Verweis ist eine Sanktion, die zunächst einmal **keine weiteren Folgen** für den Betroffenen hat. Er wird schriftlich begründet. Weil für den Schüler zunächst keine weiteren Folgen entstehen, sollte der Verweis als geringste Ordnungsstrafe nicht allein ausgesprochen werden, sondern mit erzieherischen Maßnahmen kombiniert werden.

Zum Beispiel:

> *„Die Klassenkonferenz erteilt ... einen Verweis, weil er über einen längeren Zeitraum seinen Mitschüler ... mit verbalen Angriffen verletzt hat. Sie beschließt zusätzlich, dass ... einen Entschuldigungsbrief an ... schreiben muss, der bei seinem Klassenlehrer abzugeben ist."*

Ausschluss von Klassenfahrten, positiven Aktivitäten

 Der **Ausschluss von attraktiven Schulaktivitäten** kann auch lediglich eine Erziehungsmaßnahme sein (*„Du nimmst nicht am Fußballturnier teil, weil du regelmäßig im Sport Mitschüler beschimpfst"*), oder es handelt sich um eine Ordnungsmaßnahme (*„Auf Grund wiederholter Verstöße gegen die Schulordnung und wegen des mangelnden Einsehens von Fehlverhalten wird Ihre Tochter von der Klassenfahrt ausgeschlossen"*). **Klassenfahrten** sind eine Form des Unterrichts. In diesem Falle sollte unbedingt beschlossen werden, dass der Schüler innerhalb dieses Zeitraums den Unterricht einer anderen Klasse zu besuchen hat.

Von wenigen Ausnahmen abgesehen, sollte der Ausschluss von einer Fahrt oder einer anderen Schulaktivität immer erst eine zweite Maßnahme sein, also sollte sie nur dann ausgesprochen werden, wenn Ermahnungen und andere Einwirkungen ergebnislos geblieben sind. Anlässe können **erhebliche Disziplinlosigkeiten** (*„Es ist der Aufsicht nicht zuzumuten, dass sie auf der Fahrt für dich die Verantwortung trägt"*) oder Übergriffe gegen Mitschüler sein (*„Du hast in der Schule deinen Mitschüler gemobbt, auch auf Ermahnungen hin nicht damit aufgehört. Um ihn vor dir zu schützen, schließen wir dich von der Klassenfahrt aus"*).

 Nach meinen Erfahrungen ist es schwer, alle Kollegen für einen Ausschluss von einer Schulaktivität zu gewinnen. Wird dieses Vorgehen gar öffentlich kritisiert, stehen die Befürworter als rücksichtslose Hardliner und Spielverderber dar. Oft mobilisieren Ausgeschlossene auch Freunde in der Klasse, die versuchen, Druck aufzubauen, unter Umständen zusammen mit den Eltern.

 Der Vorteil dieser Sanktion liegt auch in der **Außenwirkung**. Die Schule zeigt durch den Ausschluss, dass sie nicht bereit ist, Übergriffe lediglich hinzunehmen. Besonders, wenn es sich um attraktive Veranstaltungen handelt, trifft ein Ausschluss schwer. Deshalb sollte er auch nur in wenigen, berechtigten Fällen ausgesprochen werden. Wie fühlt sich wohl ein 14-Jähriger, wenn er zum Unterricht gehen muss, während sich seine Freunde auf einem Skikurs amüsieren?

Ausschluss vom Unterricht

 Diese Maßnahme darf nur erfolgen, wenn ein **erhebliches Fehlverhalten** gesichert festgestellt worden ist: Mobbing gegenüber einem Mitschüler, eine massive Beleidigung eines Lehrers oder tätliche Angriffe auf ihn sind mögliche Anlässe, die diese Schulstrafe auslösen könnten.

 Die Klassenkonferenz kann einen Schüler (je nach Landesschulgesetz) für bis zu 20 Unterrichtstage vom Unterricht ausschließen. Auch hier ist darauf zu achten, dass die **Verhältnismäßigkeit** gewahrt wird.

Jede Ordnungsmaßnahme ist mit erheblichem organisatorischem Aufwand verknüpft.

 Wieso ist das denn eine Strafe? – wird sich mancher fragen. Hat der Schüler nicht in dieser Zeit zusätzliche Ferien und kann sich über die kaputt lachen, die zum Unterricht müssen? Führt das nicht dazu, dass andere ihm nacheifern und so die Strafe einen kontraproduktiven Zweck erfüllt?

Wenn die Strafe so gehandhabt wird, könnten die skeptischen Einwände entkräftet werden. Allerdings sollte der Zwang, den Unterricht nicht besuchen zu dürfen, nicht unterschätzt werden, ist die Schule doch für viele Kinder der Ort, an dem man seine Freunde trifft.

Damit der vorübergehende Ausschluss vom Unterricht auch als Strafe empfunden wird, sollte er mit folgenden **Auflagen** verbunden werden: In der Zeit des Unterrichtsausschlusses hat der Schüler ein **Hausverbot**. Er darf während der großen Pausen nicht den Schulhof aufsuchen. Das Hausverbot wird jedoch eingeschränkt: Jeden Morgen muss der Schüler zehn Minuten vor Schulbeginn die Hausaufgaben des Vortages am Lehrerzimmer abliefern. Jeden Mittag muss er zehn Minuten nach dem Ende des Unterrichts im Lehrerzimmer die Hausaufgaben für den nächsten Tag abholen. Diese Hausaufgaben sollten **zusätzliche Übungsanteile** enthalten, da der Schüler ja nicht am Unterricht teilnehmen darf, er aber andererseits nicht zu viel versäumen sollte. Er darf sich sonst nicht weiter im Schulgebäude aufhalten.

 Der vorübergehende Ausschluss vom Unterricht führt nicht nur dem betroffenen Schüler, sondern der gesamten Klasse vor Augen, dass die Schule ein bestimmtes Fehlverhalten nicht toleriert und dass es ratsam ist, dieses Verhalten nicht zu wiederholen.

 Diese Form des Unterrichtsausschlusses wird als **empfindliche Strafe** empfunden. Ein Schüler erzählte mir im Nachhinein, dass es besonders hart getroffen habe, von der Klasse abgeschnitten gewesen zu sein, und dass er die Hausaufgaben so gründlich machen musste, weil er immer davon ausging, dass die Lehrer sie aufmerksam lesen würden. Deshalb musste er mehr arbeiten, als wenn er wie sonst den Unterricht besucht hätte. Auf die Klasse hat diese Form der Bestrafung auch einen **positiven Effekt**. Jeder weiß, dass die Schule reagiert hat und dass sie nicht bereit ist, bestimmte Regelverstöße hinzunehmen.

Versetzung in eine parallele Lerngruppe

 Diese Ordnungsmaßnahme ist nur durchzuführen, wenn es für den Schüler oder seine Klasse oder bestimmte Mitschüler schädlich ist, dass er weiter in dieser Klasse unterrichtet wird. Das kann der Fall sein, wenn er als „Boss" einer aggressiven Clique einzelne Mitschüler bedroht, körperlich angreift oder mobbt und er auf pädagogische Hinweise nicht reagiert. Dies kann im Falle eines sexuellen Übergriffs geschehen, bei dem es dem Opfer nicht mehr zuzumuten ist, mit dem Täter dieselbe Klasse zu besuchen. Ähnlich sollte die Schule reagieren, wenn ein Schüler einen Lehrer schwer beleidigt, etwa durch ein sexistisches Gedicht über ihn, das der Schüler gezielt der Öffentlichkeit zugänglich macht.

 Wie bei allen Ordnungsstrafen ist diese Sanktion **arbeitsaufwändig**. Sie kann nur durch eine Klassenkonferenz, ein ähnliches Gremium oder die Schulleitung verhängt werden.

 Auch hier ist mit **Widerständen durch Eltern und Mitschüler** zu rechnen. Ein wichtigeres Problem ist jedoch, dass eine Schule nicht zu einem „Verschiebebahnhof" werden sollte, bei dem schwierige Kinder hin- und hergeschoben werden.

 Die Wirkung auf den Betroffenen ist groß. Er wird aus dem Kreis seiner Freunde gerissen, muss sich mit neuen Lehrern in einer neuen Umgebung arrangieren. Das kann zu einem radikalen Umdenken führen, kann aber auch eine trotzige Dauerkonfrontation hervorrufen, etwa in dem Sinne: *„Mir ist jetzt alles egal. Die werden sich noch wundern, was sie davon haben."*

Hat der in die Parallelklasse Versetzte zuvor einen bestimmten Schüler dauerhaft drangsaliert, ist die Maßnahme für diesen eine Erleichterung. Er hat die Sicherheit, dass die Schule seine Rechte wahrt. Positiv ist auch die **Wirkung auf eine Klasse** zu sehen. Der Aggressive oder Dauerstörer belastet die Gruppe nicht länger. Oft entstehen nach so einem Wechsel **neue, günstigere Hierarchien**. Zum anderen lernt auch die Klasse Grenzen für ihre Handlungsspielräume kennen.

Entlassung von der Schule

 Wenn nicht eine **akute, schwere Bedrohung** für Mitschüler oder Lehrer vorliegt, ist eine Entlassung ohne vorherige Ordnungsstrafen nur in ganz seltenen Fällen möglich. Und selbst unter diesen Bedingungen ist sie nur unter Schwierigkeiten durchzusetzen.

 Die Schwierigkeiten, eine Entlassung von der Schule gegen den Willen des Betroffenen und seiner Eltern zu vollziehen, sind groß. Die Rechtsprechung bewertet hier das Recht des Einzelnen auf Bildung höher als das Recht der Gemeinschaft, ohne Beeinträchtigungen zu lernen.

Kann eine Entlassung erfolgreich ausgesprochen werden, liegen die Probleme nur bei dem Betroffenen selbst und oft genug bei der nächsten Schule, die den Entlassenen aufzunehmen hat. Eine Schulentlassung ist ein **gravierender Einschnitt in ein Leben**. Nur in diesem Bewusstsein sollte sie ausgesprochen werden.

 Die **Wirkungen auf das Umfeld** sind beträchtlich, sie können von der Einschüchterung, ähnliche Verhaltensweisen aufzunehmen, bis zur Erleichterung reichen.

Die Dorfschule. Stahlstich, um 1850, nach einem Gemälde von F. de Brackeleer

12

Was geschieht, wenn die Sanktion nicht befolgt wird?

Und was geschieht, wenn die Sanktion nicht befolgt wird?
Diese Frage stellt sich besonders bei den erzieherischen Maßnahmen;
Ordnungsmaßnahmen werden eigentlich nicht angezweifelt.
Aber schauen wir einmal ins Detail. Sie haben von einem Schüler verlangt,
einen Entschuldigungsbrief zu schreiben, weil er in Ihrer Gegenwart mehrfach einen Mitschüler beleidigt hat. Schon während Sie die Sanktion verhängen, grummelt er unwillig vor sich hin. Am nächsten Tag erklärt er
Ihnen vor der Klasse: *„Mein Vater hat mir gesagt, dass ich den Brief nicht
schreiben muss. Und ich mache es auch nicht."*

Allgemeines Vorgehen

1. Schritt – Prüfen

In diesem Fall war die verhängte Sanktion
eindeutig berechtigt. Grundsätzlich würde
ich Ihnen aber vorschlagen, dass Sie bei
heftigen Protesten gegen eine Strafe
sich noch einmal überlegen und prü-
fen, ob die Strafe berechtigt und der
Täter wirklich der Täter war. Ein Gespräch unter vier Augen kann da Gewissheit bringen. Wenn es sich he-
rausstellt, dass Sie sich geirrt oder
überreagiert haben, erklären Sie Ihren Fehler auch vor der Klasse. Das nutzt
Ihrer Autorität mehr, als wenn Sie ihn vertuschen.

2. Schritt – Reagieren, vor der Klasse

Reagieren Sie gar nicht, ist Ihre Autorität in der Kasse dahin. Bei der nächsten Sanktion, die Sie aussprechen, wird sich Ähnliches wiederholen. Reagieren Sie also offensiv und antworten Sie in etwa so: *„Dein Vater hat nicht
zu entscheiden, welche Strafen ich ausspreche und welche nicht. Für meine
Klasse treffe ich die Entscheidungen. Außerdem weiß ich aus eigenem Erleben,
was du getan hast, im Gegensatz zu deinem Vater. Ich werde ihn anrufen und
mit ihm den Fall klären. Gleichzeitig fordere ich dich nachdrücklich auf, bis
morgen den Entschuldigungsbrief zu verfassen."*

3. Schritt – Mit den Eltern sprechen

In einem Gespräch mit dem Vater, um bei diesem Beispiel zu bleiben, sollte möglichst ruhig der Sachverhalt dargestellt werden, der zur Sanktion führte, und das Ziel, das mit der Maßnahme erreicht wird: *„Weil Ihr Sohn trotz meiner Ermahnungen die Beleidigungen nicht einstellte, hoffe ich, dass eine schriftliche Entschuldigung ihn dazu bringt, sein Fehlverhalten einzustellen."*

Gleichzeitig sind Eltern darauf hinzuweisen, dass **schulische Erziehung und Wertvermittlung** in erster Linie Sache der Schule sind und nicht im privaten Ermessen Einzelner liegen. Weigern sich die Eltern, das Sanktionsrecht der Schule zu akzeptieren, kommt es zu einem Machtkampf – außer Sie würden nachgeben. Wenn Sie nachgeben, werden Sie keine Chance mehr haben, Regeln und Werte durchzusetzen.

4. Schritt – Informieren der Schulleitung

Ohne die Unterstützung der Schulleitung haben Sie jetzt verloren. Wenn Sie von ihr den Bescheid erhalten, die Sache nicht so ernst zu nehmen, brauchen Sie viel Energie und einen langen Atem. Machen Sie in so einem Falle Ihrer Schulleitung die Folgen des öffentlichen Rückzugs klar. Haben Sie die Unterstützung, dann sollten Sie gemeinsam eine konkrete Strategie entwickeln. Hier bieten sich eigentlich nur zwei Alternativen an:

5. Schritt

a) erneutes Elterngespräch
Vielleicht ist ja die Autorität des hohen Amtes erfolgreicher als Sie allein. Ziel des Gespräches muss es sein, die Eltern zur Akzeptanz der Sanktion zu bewegen.

b) gezielte Eskalation
Wenn vom Schüler und von dessen Eltern begründete und berechtigte erzieherische Maßnahmen nicht akzeptiert werden, kann die Schule nur mit Ordnungsmaßnahmen reagieren. Sie muss es, will sie als Instanz weiter ernst genommen werden.

Strafen sind die notwendige Ergänzung pädagogischer Arbeit

Abschließend möchte ich Ihnen kein besinnliches Nachwort schreiben, sondern **einige Thesen** formulieren, die Gedanken des Buches wiederholen und durch kurze Merksätze als Anlass zur Diskussion zuspitzen:

✗ Sanktionen, die ohne eine **reflektierte Wertehaltung** vermittelt werden, erreichen maximal Disziplin aus Angst, aber **keine Einsicht**.

✗ Sanktionen sind nicht die Privatangelegenheit eines Lehrers, sondern Aufgabe einer ganzen Schule.

✗ Wer nicht sanktioniert, ist auch nicht bereit, Schüler und Werte vor **Übergriffen** zu schützen.

✗ Gelungene Sanktionen vermitteln **Einsicht in ein Fehlverhalten**.

✗ Nicht die Person ist zu sanktionieren, sondern das Verhalten.

✗ Eltern und Schüler sind in **Sanktionskonzepte** einzubeziehen.

✗ Regeln auf der Grundlage von Werten sollten **gemeinsam von Schülern und Lehrern** aufgestellt werden. Sanktionen bei Regelbrüchen gehören nur in den Verantwortungsbereich des Lehrers.

✗ Wer Übergriffe gegen Schüler ohne Sanktionen hinnimmt, macht dem Betroffen mittelbar klar, dass seine Leiden nicht relevant sind.

✗ Wer Regelbrüche nicht sanktioniert, ist nicht gerecht.

✗ Jede Strafe macht dem Strafenden **Mühe**. Deshalb vermeiden faule Lehrer Sanktionen.

✗ Wirkungsvolle Sanktionen werden als **unangenehme Strafen** empfunden.

✗ Eine Strafe, die nicht als unangenehm empfunden wird, ist keine Strafe.

✗ Strafen manifestieren den **Machtanspruch** von Schule.

✗ Eltern ist zu vermitteln, dass häusliche und schulische Erziehung nicht identisch sein können.

✗ **Ständige Sanktionen** wegen Kleinigkeiten bringen nichts.

✗ Ein Lehrer, der berechtigt sanktioniert, wird akzeptiert.

✗ Sanktionen sind die Nagelprobe für die **Solidarität im Kollegium**.

✗ Je schlechter die pädagogische Arbeit im Unterricht, in der Klasse, in der Schule ist, desto mehr ergibt sich die Notwendigkeit von Sanktionen.

✗ Schlechter Unterricht provoziert Störungen, damit auch Sanktionen.

✗ Strafen ergänzen Pädagogik, können sie aber nicht ersetzen.

✗ Strafen sind Teil der Pädagogik.

✗ **Vernünftiges Strafen** ist eine schwierige Aufgabe.

Fragebogen
zu Einstellungen und Erfahrungen von Schülern

Bitte beantworte alle Fragen so genau wie möglich. Der Fragebogen wird ohne Namen abgegeben. So kann keiner erkennen, dass es sich um deine Antworten handelt. Meistens sollst du dich für eine von vier Möglichkeiten entscheiden. Kreuze das an, was für dich am ehesten zutrifft. Bei einigen Fragen sind auch Mehrfachnennungen möglich. Falls du eine Frage nicht verstehst, kreuze nichts an. Fülle den Fragebogen bitte alleine aus, sprich nicht mit deinen Nachbarn, und schaue auch nicht ab. Die Antworten sollen Privatsache bleiben. In diesem Fragebogen wird oft verallgemeinert: Wenn zum Beispiel von „den Lehrern" gesprochen wird, geht es darum, welchen Eindruck du von den meisten Lehrern hast oder welches Verhalten du als typisch ansiehst.

Bei einigen Fragen werden politische Haltungen ermittelt. Ausländische Schüler sollen sich durch Formulierungen einiger Fragen nicht diskriminiert fühlen.

Geschlecht: ☐ m ☐ w

Klasse: _____

Alter: _____

1) **In der Schule/auf dem Schulweg habe ich Angst vor Gewalt.**
   ☐ völlig richtig ☐ eher richtig ☐ eher falsch ☐ völlig falsch

2) **In diesem Schuljahr bin ich öfters körperlich angegriffen (geschlagen, getreten, zu Boden gerissen) worden.**
   ☐ völlig richtig ☐ eher richtig ☐ eher falsch ☐ völlig falsch

3) **Die Deutschen haben eine Reihe von guten Eigenschaften, wie Fleiß, Pflichtbewusstsein und Treue, die andere Völker nicht so haben.**
   ☐ völlig richtig ☐ eher richtig ☐ eher falsch ☐ völlig falsch

4) Ist in diesem Schuljahr dein Besitz mutwillig zerstört oder weggenommen worden?

☐ sehr oft ☐ öfters ☐ eher selten ☐ nie

5) Hast du gemeinsam mit mehreren anderen einen Mitschüler verhöhnt oder geärgert?

☐ sehr oft ☐ öfters ☐ eher selten ☐ nie

6) Wirst du von Mitschülern ausgelacht?

☐ sehr oft ☐ öfters ☐ eher selten ☐ nie

7) In diesem Schuljahr bin ich öfter bedroht worden.

☐ völlig richtig ☐ eher richtig ☐ eher falsch ☐ völlig falsch

8) Der Unterricht meiner Lehrer ist gut vorbereitet.

☐ völlig richtig ☐ eher richtig ☐ eher falsch ☐ völlig falsch

9) Hast du in diesem Schuljahr Mitschüler körperlich angegriffen (geschlagen, getreten, zu Boden gerissen)?

☐ sehr oft ☐ öfters ☐ eher selten ☐ nie

10) Ich halte es für sinnvoll, dass wir eine SV (Schülervertretung) haben.

☐ völlig richtig ☐ eher richtig ☐ eher falsch ☐ völlig falsch

11) Wann würdest du einen Mitschüler schlagen? (Mehrfachnennungen möglich)

☐ Um mich zu verteidigen ☐ Um mein Recht durchzusetzen
☐ Wenn er sich blöd verhält ☐ Um Anerkennung zu finden
☐ Wenn ich Ärger zu Hause habe ☐ Wenn ich sauer auf Lehrer bin
☐ Wenn ich schlechte Noten bekomme ☐ Wenn man mich ärgert oder beleidigt
☐ Wenn mich der Unterricht nervt ☐ Nie

12) Durch planmäßiges Stören und Blödeln wird Unterricht verhindert.

☐ sehr oft   ☐ öfters   ☐ eher selten   ☐ nie

13) In meiner Klasse werden Mitschüler gemobbt.

☐ sehr oft   ☐ öfters   ☐ eher selten   ☐ nie

14) Wo passiert deiner Meinung nach besonders oft Gewalt? (Mehrfachnennungen möglich)

☐ auf dem Schulweg   ☐ vor der Klasse
☐ beim Sportunterricht   ☐ auf dem Schulhof in den Pausen
☐ in der Klasse vor dem   ☐ während des Unterrichts
Unterricht

15) Körperliche Angriffe auf Mitschüler sind ... (Mehrfachnennungen möglich)

☐ manchmal unvermeidlich.   ☐ unter Jugendlichen normal.
☐ etwas, das unbedingt   ☐ verhindert werden sollte.
☐ etwas, das manchmal Spaß macht.

16) Lehrer verhöhnen schlechte Schüler, statt ihnen zu helfen.

☐ völlig richtig   ☐ eher richtig   ☐ eher falsch   ☐ völlig falsch

17) Verstöße gegen die Schulordnung werden nicht ernsthaft bestraft.

☐ völlig richtig   ☐ eher richtig   ☐ eher falsch   ☐ völlig falsch

18) Die Lehrer achten darauf, dass Gewalt in der Klasse und der Schule nicht stattfindet.

☐ völlig richtig   ☐ eher richtig   ☐ eher falsch   ☐ völlig falsch

19) In unserer Klasse sind viele Schüler bewaffnet.

☐ völlig richtig   ☐ eher richtig   ☐ eher falsch   ☐ völlig falsch

20) Die Lehrer interessieren sich über den Unterricht hinaus
gar nicht für uns.
☐ völlig richtig ☐ eher richtig ☐ eher falsch ☐ völlig falsch

21) Die meisten Asylsuchenden haben hier nichts zu suchen,
da sie nicht politisch verfolgt werden.
☐ völlig richtig ☐ eher richtig ☐ eher falsch ☐ völlig falsch

22) Lehrer wissen gar nicht, was zwischen den Schülern
wirklich geschieht.
☐ völlig richtig ☐ eher richtig ☐ eher falsch ☐ völlig falsch

23) Vor einigen Mitschülern habe ich Angst.
☐ völlig richtig ☐ eher richtig ☐ eher falsch ☐ völlig falsch

24) Die Lehrer mögen nur gute Schüler leiden.
☐ völlig richtig ☐ eher richtig ☐ eher falsch ☐ völlig falsch

25) In meiner Schule werden viel zu viele Dinge zerstört.
☐ völlig richtig ☐ eher richtig ☐ eher falsch ☐ völlig falsch

26) In der letzten Zeit nehmen Gewalt und Beschimpfungen
unter den Schülern zu.
☐ völlig richtig ☐ eher richtig ☐ eher falsch ☐ völlig falsch

27) Das Klassenklima in meiner Klasse ist gut.
☐ völlig richtig ☐ eher richtig ☐ eher falsch ☐ völlig falsch

28) Gewalttätigkeiten werden, auch wenn sie bekannt sind,
nicht konsequent bestraft.
☐ völlig richtig ☐ eher richtig ☐ eher falsch ☐ völlig falsch

29) Unter Gewalt verstehe ich: (Mehrfachnennungen möglich)
☐ körperliche Angriffe   ☐ Erpressen
   (z.B. schlagen ...)   ☐ Drohen
☐ Unterdrücken   ☐ jemanden zu etwas zwingen

30) Es wäre besser, eine einzige starke Partei zu haben,
die wirklich die Interessen aller Schichten unseres Volkes vertritt.
- ☐ Erpressen völlig richtig
- ☐ Erpressen eher richtig
- ☐ Erpressen eher falsch
- ☐ Erpressen völlig falsch

31) Lehrer kümmern sich intensiv um Außenseiter in der Klasse.
- ☐ Erpressen völlig richtig
- ☐ Erpressen eher richtig
- ☐ Erpressen eher falsch
- ☐ Erpressen völlig falsch

32) Wer Mitschüler schlägt, sollte grundsätzlich bestraft werden.
- ☐ völlig richtig ☐ eher richtig ☐ eher falsch ☐ völlig falsch

33) Ich gehe gerne zur Schule.
- ☐ völlig richtig ☐ eher richtig ☐ eher falsch ☐ völlig falsch

34) Wenn ich geschlagen oder bedroht werde, geschieht das
zumeist von Schülern, die mir körperlich überlegen sind.
- ☐ völlig richtig ☐ eher richtig ☐ eher falsch ☐ völlig falsch

35) Was ich in der Schule lerne, halte ich im Grunde für sinnlos.
- ☐ völlig richtig ☐ eher richtig ☐ eher falsch ☐ völlig falsch

36) Auf einige Lehrer habe ich richtig Wut.
- ☐ völlig richtig ☐ eher richtig ☐ eher falsch ☐ völlig falsch

37) Auch berechtigte Beschwerden über Lehrer haben keine Aussicht
auf Erfolg, sondern schaden eher dem betreffenden Schüler.
- ☐ völlig richtig ☐ eher richtig ☐ eher falsch ☐ völlig falsch

Literatur

Georg E. Becker:
Lehrer lösen Konflikte.
Ein Studien- und Arbeitsbuch.
Beltz, 2000.
ISBN 978-3-407-22069-1

Eva Blum, Hans-Joachim Blum:
Der Klassenrat.
Ziele, Vorteile, Organisation.
Verlag an der Ruhr, 2006.
ISBN 978-33-8346-0060-8

Michael Brenner, Bernhard Töpper:
Meine Rechte in der Schule.
Rechtliche Stellung, Schulpflicht,
Schulverwaltung, Haftung,
Versicherung.
dtv, 2004.
ISBN 978-3-423-05665-6

Albert Claßen, Karin Nießen:
Das Trainingsraum-Programm.
Unterrichtsstörungen pädagogisch
auflösen.
Verlag an der Ruhr, 2006.
ISBN 978-3-8346-0149-0

Kurt Faller, Wilfried Kerntke,
Maria Wackmann:
Konflikte selber lösen.
Verlag an der Ruhr, 1996.
ISBN 978-3-86072-220-6

Hartmut Fiebig, Frieder Winterberg:
**Wir werden eine Klassen-
gemeinschaft.**
Soziales Lernen in der
Orientierungsstufe.
Verlag an der Ruhr, 1999.
ISBN 978-3-86072-388-3

Christina Großmann:
Projekt: Soziales Lernen.
Ein Praxisbuch für den Schulalltag.
Verlag an der Ruhr, 1998.
ISBN 978-3-86072-261-9

Günther Hoegg:
Schulrecht.
Aus der Praxis – für die Praxis.
Beltz, 2007.
ISBN 978-3-407-25455-9

Rob Kerr:
Portfoliomappe Selbstdisziplin.
Verlag an der Ruhr, 2007.
ISBN 978-3-8346-0341-8

Wolfgang Kindler:
**Man muss kein Held sein –
aber …!**
Verhaltenstipps für Lehrer in Kon-
fliktsituationen und bei Mobbing.
Verlag an der Ruhr, 2006.
ISBN 978-3-8346-0064-6

Wolfgang Kindler:
**K.L.A.R.-Taschenbuch:
Dich machen wir fertig!**
Verlag an der Ruhr, 2007.
ISBN 978-3-8346-0286-2

Wolfgang Kindler:
K.L.A.R.-Literatur-Kartei:
Dich machen wir fertig!
Verlag an der Ruhr, 2007.
ISBN 978-3-8346-0287-9

Wolfgang Kindler:
Gegen Mobbing und Gewalt.
Ein Arbeitsbuch für Lehrer, Schüler
und Peergruppen.
Kallmeyer, 2002.
ISBN 978-3-78004-928-5

Gert Lohmann:
Mit Schülern klarkommen.
Professioneller Umgang mit
Unterrichtsstörungen und
Disziplinkonflikten.
Cornelsen Scriptor, 2003.
ISBN 978-3-589-22520-0

Inge Maria Mandac, Barbara Duell:
Konflikttraining mit Eltern.
Das Kooperationsprogramm
für Schule und Eltern.
Verlag an der Ruhr, 2003.
ISBN 978-3-86072-822-2

Kathy Paterson:
Erfolgreich unterrichten.
Für Profis, Quereinsteiger und
Externe. Tipps zu den 55 häufigsten
Stolperfallen.
Verlag an der Ruhr, 2007.
ISBN 978-3-8346-0340-1

Links

www.referendar.de
Mit umfangreichen Informationen
zu Unterrichtsmethoden, Erfah-
rungsberichten, einem Forum und
vielem mehr – nicht nur für Referendare.

www.schulministerium.nrw.de/
BP/index.html
Seite des Schulministeriums Nord-
rhein-Westfalen: Informationen zu
Schulformen, Schulrecht, Unterricht, individueller Förderung und
vielem mehr.

www.lehrer-online.de
Auf dieser Seite finden Sie umfangreiche Themen rund um Schule und
Unterricht: Projekte und Materialien,
aktuelle Themen, Lehrpläne usw.

www.lehrerforum-nrw.de
Dieses Forum des Landesverbandes
Bildung und Erziehung in Nord-
rhein-Westfalen, des Institutes für
Psychologie der Uni Lüneburg u.a.
bietet Lehrern die Möglichkeit, sich
mit Kollegen und Experten über
die kleinen und großen Herausfor-
derungen des Schulalltags auszutauschen. Sie finden hier schnelle
und unkonventionelle Hilfe bei Problemen wie Mobbing oder Verhal-
tensauffälligkeiten bei Schülern,
Interventionsmöglichkeiten, Ideen
zur Unterrichtsgestaltung sowie
Tipps zum Thema Aus- und Fortbildung.

Strategien • Tipps • Praxishilfen